Forex

Gump

INDICE

1. Capítulo 1: Mis inicios al Forex.

1.1.　　Introducción a Forex

Inducción al trading

Hola me da gusto que estés en el camino al trading de divisas, es decir el mercado más grande del mundo… Forex. Si tu intención es verdadera y deseas aprender por completo esta gran habilidad de interpretar los mercados financieros, te felicito, lo más importante es comenzar, dedicarle el tiempo necesario y la otra es ser paciente. Cuando se tiene paciencia se puede ganar en los mercados bursátiles como no tienes una idea, solo no te rindas y volverte el mejor. Lo que en trading llamamos… un trader rentable. Otra cosa que deseo tengas muy en cuenta, es que esta profesión del trading procura no tenerla en primer plano, ya que el proceso será largo y lleno de retos, pero cuando todo se alinee a tu favor, tu recompensa llegará. Te platico porqué, en un equipo en el que estuve donde aprendíamos trading, hubo amigos que tenían un empleo y cuando conocieron el trading se emocionaron tanto que dejaron su principal fuente de ingresos, grave error si quieres sobrevivir en este mundo. Lo más recomendable es mantener tu empleo hasta que los resultados hablen por sí mismos. Cuando tengas la rentabilidad en trading te aseguro que podrás vivir totalmente de esta gran profesión, mientras eso no ocurra, sigue aprendiendo, invirtiendo en tu desarrollo, poniendo al trading en segundo plano. Cuando digo poner al trading en segundo plano, no me refiero a que no le des importancia a al cien por ciento, si no que tomes a esta profesión de medio tiempo y el otro medio tiempo a tu empleo.

La recomendación que dan los trader super rentables es, apaláncate de tu empleo o principal fuente de ingresos para invertir, para aprender y para desarrollarte como el mejor. Si hoy en día quieres invertir en los mercados financieros, pero no cuentas con el capital, no te preocupes, enfócate a aprender de a poco, tomando cursos básicos y algo avanzados como este que comparto contigo y que te muestren las raíces del trading y después ingresa operaciones en la cuenta demo y cuando los resultados sean favorables para ti, en ese momento trata de buscar la mejor academia donde terminar de pulirte más.

Si en todas partes te dicen que el camino está lleno de retos, es verdad, pero te doy una recomendación de corazón… no tires la toalla a pesar de los retos, al contrario, alégrate de que eso ocurra para que aprendas más rápido. El camino no es muy largo si eres dedicado y constante, los resultados te favorecerán en dos años, pero si eres impaciente y poco diciplinado te llevarás unos tres o cuatro años. Si te das cuenta tampoco son muchos años, prácticamente es un tiempo aceptable que te aseguro valdrá la pena. Yo, en el momento que te comparto mis conocimientos y experiencia en este curso, llevo siete años en el mundo del trading y mi recomendación es y siempre será… sigue amigo a pesar de todo sigue adelante.

En el momento que inicié a invertir en los mercados financieros, me hallaba sin empleo y me llevó más tiempo desarrollarme como trader rentable, pero al cabo de tres años lo conseguí y aun sigo en el camino. Me he dado cuenta que los empleos están para cualquiera, pero me di cuenta que trabajar en una empresa por veinte o treinta años no vale la pena ya que al final te llevas un finiquito que solo te ayudará para pasar tus últimos días de vida. Afortunadamente a mis treinta años me di cuenta de esto porque algunos familiares que vivieron dependiendo de su trabajo, al final solo les quedo deudas, dolores corporales, la vejez y ningún patrimonio. Si tu deseas vivir de un empleo, está bien, pero al final no es bueno que termines culpando a los demás por una decisión que solo tu tomaste y tuviste la oportunidad de cambiar. Cuando tengas libertad de ingresos tienes muchas posibilidades de hacer y crearte fuentes de ingresos que te darán libertad de tiempo con tu familia.

Mucha suerte campeón, si decides seguir el camino del trading bien por ti, lo mejor siempre será haberlo intentado y no quedarse con la duda de que habría pasado si lo hubiera intentado. Siempre se recuerda a aquellos que lo intentaron y al final lo lograron, en cambio a los que nunca tomaron la decisión, se quedan en el olvido.

1.2.   Misión del curso

En este curso se pretende que conozcas los conceptos básicos y desde luego conceptos avanzados de lo fundamental e importante para iniciar Enel mundo del trading, pero como todo se tiene que hacer paso a paso debes primero empaparte de los conceptos básicos y algo avanzados para luego ir a la práctica en los gráficos, cabe aclarar que esto es un curso completo de Forex, donde aprenderás la teoría que necesitas para interpretar los mercados, pero nada ocurre por solo leer un libro, lo que queda hacer es llevarlo a la práctica e ir desarrollando una estrategia propia que te haga ganar en el trading. Si bien es cierto que aquí tendrás los conocimientos que te hagan comenzar a aprender lo más importante del trading, pero si no sigues los pasos como se indica y además desarrollas una estrategia probada por ti mismo en un tiempo determinado y en cuenta demo. No verás resultados prontos. Te lo dice alguien que inició perdiendo en este mundo, quemando cinco cuentas en dinero real. Lo que hizo la diferencia es que a pesar de ello no tiré la toalla a las primeras perdidas, Además tuve retos que me impidieron analizar el mercado con fluidez, en fin, tú eres distinto y tengo la certeza que tus resultados serán distintos a los míos ya que cada persona es distinta y cada persona actúa de maneras distintas a los retos que se llegan a presentar. Confío sabrás reaccionar favorablemente ante los retos en el trading, y que cumplirás tu objetivo de ser un trader rentable y poder vivir de las inversiones.

Por cierto, has de saber amigo trader, también te quiero decir que al igual que tú, aun sigo desarrollándome como un trader profesional que ha aprendido a ser diciplinado, paciente y muy exigente con sus resultados, pero se dio cuenta que para tener los resultados que quería tenía que seguir los pasos de un maestro que le enseñara como volverse un trader rentable. En mi caso tuve tres mentores que me enseñaron todo lo necesario del trading, desde luego seguía sus pasos tomaba sus capacitaciones y los seguía en sus plataformas donde promovían sus estrategias e invitaban a cursos de alto valor: Bruce Kovner, Stanley Druckenmiller, Bill Lipschutz, y un poco a Richard Dennis y Ed Seykota, entre otros trader que han tenido un impacto significativo en mi desarrollo profesional.

Mi recomendación una vez hayas iniciado o terminado este curso, es busca un mentor que te guíen este mundo ya que al principio sentirás que esto no vale la pena, que no funciona, que todo está arreglado, que no todos ganan, que para ganar se debe tener mucho dinero, en fin, estas y tantas otras cosas que te llegan a la cabeza al no tener resultados prontos, casi siempre es la razón para desistir de nuestro plan de volvernos un trader. Cuando esto llegue a ocurrir, te recomiendo buscar a aquella persona que te inspire a no abandonar esta magnífica profesión que si la realizas como un profesional te dejará muy buenos dividendos. No necesariamente tienes que contactarte con los mejores trader, solo pégate a ellos, síguelos, y vuélvete una réplica de él. Al seguir sus mismos pasos verás que pronto estarás en ese mismo lugar a su debido tiempo. Ahora bien, si sientes que no entendiste toda esta información, tal vez porque a ti te gusta el contenido audiovisual, te recomiendo complementes esto buscando una buena academia que te termine de formar y pulir tus habilidades. Un trader no se forma con investigar en internet y ver videos que solo tocan temas del trading de manera superficial, lo que debes hacer es buscar las mejores capacitaciones de trader reconocidos y con buenos resultados, si es preciso busca una academia que te transforme en un trader de seis cifras y donde los resultados hablen por sí mismos. Te aseguro que si haces las cosas bien tendrás el éxito asegurado en unos cinco a seis años si no es que menos. Al igual que yo, aprendí algunas cosas buscando aquí y allá, pero no hay nada mejor que alguien te lleve de la mano y tal vez se vuelva tu mentor si así lo deseas. Todo depende de ti. Lo que si te aseguro es qué si no tiras la toalla y te desarrollas cada día más, es seguro que llegarás tarde o temprano a la cúspide de tu éxito, solo no decaigas y no abandones. Te aseguro que todo esto vale la pena cien por ciento.

1.3.   ¿Qué es el trading?

Definición de trading

El trading o especulación bursátil hace referencia al intercambio de instrumentos financieros entre inversores con el objetivo de maximizar su beneficio en un determinado periodo de tiempo.

Se asocia al intercambio de instrumentos financieros en el corto plazo entre los participantes del mercado, a través de herramientas de inversión que permiten la compra-venta de productos financieros tales como acciones, bonos, materias primas, divisas, derivados financieros, etc.). El trading es un concepto que viene del inglés y significa comerciar.

A través de estos activos financieros, los agentes que participan en los mercados financieros, ya sean inversores particulares o instituciones, hacen trading. Es decir, buscan combinar diferentes estrategias, tales como la especulación o la cobertura de sus posiciones y la de los riesgos inherentes a las mismas, con la finalidad de ganar dinero.

(Vazquez burguillo,Roberto, 2020)

https://economipedia.com/definiciones/trading.html

1.4.   Diferencias entre multinivel y trading

Si bien es cierto que el termino trading es muy herrado y confundido con otros métodos de inversión o tipos de mercado, la realidad es que el trading es un método de inversión que se desglosa en gran variedad de derivados financieros y no se especifica en un solo método para comerciar. El significado de la palabra trading en español significa comerciar en los mercados bursátiles.

En su momento cuando iniciaba a aprender sobre este mundo de las inversiones me llegué a confundir con otras ramas del trading, es decir que confundía al Forex con el trading, con las binarias, los commodities o acciones, los futuros, las criptomonedas, en fin todos ellos los consideré como aspectos independientes donde el trading también lo consideré como fuera de ellos, pero con el pasar del tiempo me di cuenta que todos formaban parte de una sola estructura llamada trading donde todos estos se relacionaban directamente para una mejor segmentación de los mercados y cada uno de los derivados.

Muchos compañeros que iniciaban en el mundo de las inversiones llegaron a confundir al trading con el multinivel o red de mercadeo, diciendo que todo eso era un fraude que solo robaba el dinero a los incautos que desconocían de este mundo. El multinivel está considerado una pirámide donde se roba el dinero por la sencilla razón que este negocio de recomendación te hace promover el producto o servicio de una gran empresa que gana por cada venta que se hace por ti o por una gran cantidad de personas que recomiendan el servicio.

La verdadera razón es que no es un fraude si no un método de negocios que trabaja de una forma distinta a la ya acostumbrada, de hecho, muchas empresas conocidas hoy en día viven de este tipo de maneras de promover sus servicios y dan recompensas a quien genera una productividad constante en un periodo mensual, bimestral, semestral o anual. Si tu tuvieras un negocio de comida rápida donde tu servicio es muy demandado y con una concurrente asistencia de mucha gente, lo más inteligente es crear una especie de promoción a tus clientes para que recomienden tu negocio y a cambio puedes incentivarlos con algo que valga la pena obtener por referir. Siempre que cualquiera de nosotros asistimos a un lugar de comida donde el servicio, el menú, y el ambiente es favorable, por lógica tendemos a recomendar con nuestros amigos o familiares, aunque no obtengas ninguna recompensa aun así lo haces porque todo te agradó y te gustaría volver muy pronto. Bueno, la red de mercadeo es eso, y no tiene nada de fraude por el hecho que al ganar tú, también gana la empresa. Te pregunto. ¿en dónde está el fraude?

En su momento también hice red de mercadeo y creme que no es un fraude porque, así como todo negocio vende te aseguro que existen a la vez los vendedores que se dedican a promover todo lo que se tenga que vender. Estoy seguro que cualquier empresa que conoces hace esto y si puedes ganar por recomendar no tiene nada de malo.

Si quieres conocer una verdadera pirámide que, si es un fraude total, lo encontrarás en algunos seudo mentores en trading o canales de trading que te prometen manejarte una cuenta con un monto especifico que te dará rentabilidad mensual trayéndote veneficios muy elevados incluso casi superando tu monto de inversión inicial. La verdad si se vuelve atractivo si nunca has ganado tales cantidades en tu empleo. El chiste está en prometer lo mismo a cien personas para que inviertan en una cuenta de mil dólares, y todo ese capital de cien personas se pone a trabajar haciendo ellos el trading mientras tu solo miras como tu cuenta sigue creciendo cada día más y más hasta volverte "millonario". Entonces imagina cuanto no pueden generar de esa gran cuenta donde invierten cien o más personas perezosas que no tienen interés de meterse al mercado del trading, pero si desean verse beneficiados por las ganancias que los mercados bursátiles dejan. Por querer todo fácil permites que un grupo de trader obtengan el capital para invertir, desde luego capital que ellos no tienen y por eso buscan a cualquier incauto que les financié una gran cuenta donde esos inocentes creen que todo lo generado por sus cuentas se les da íntegro, pero no es así. Tu cuenta, así como todas esas personas que invirtieron han creado una cuenta muy grande que genera algo llamado interés compuesto que veremos más adelante de donde ellos se benefician.

Los incautos inversionistas creen que su retorno de capital es muy jugoso y con que les entreguen su debida ganancia constante es más que suficiente. Todo es color de rosa cuando se gana cada mes y se hace el debido retorno a tu cuenta, pero lo que no te dicen estos trader es que puedes perder todo tu capital en una mala inversión hecha por ellos o en el peor de los casos ellos se pueden desaparecer sin dejar rastro sin saber qué pasó con tu mina de oro.

Como puedes ver esto si es una verdadera pirámide que en cuanto haya más inversionistas que inyecten capital a sus cuentas, seguirán operando robando el dinero a mucha gente.

En conclusión, el trading es muy distinto al network marketing para estar seguro que en verdad haces inversiones en los mercados financieros debes primero aprender a hacerlo por ti mismo. Si alguien te invita a un canal de trading con la promesa de ganar mucho dinero sin tu hacer nada, en ese momento ya sabes en donde estás parado.

1.4.1.   La verdad disfrazada

Lo que respecta al negocio de red de mercadeo debes ser consiente que serás un engranaje para una maquinaria muy grande a quien ayudarás a crecer cada día. En mi caso me di cuenta que esa industria es muy enorme, pero al fin y al cabo trabajas para enriquecer a alguien más, lo mejor sería ser dueño de tu tiempo y tu propio negocio, aunque eso ya depende de ti. Al llegar a esta conclusión decidí salir de este tipo de negocios y volverme mi propio jefe para ser libre de mis proyectos y mi tiempo entregando resultados para mi negocio. Si decides seguir el camino de la red de mercadeo lo puedes hacer, solo que en determinado tiempo aprende lo que haya que aprender y luego eso aplícalo en un negocio propio.

En el 2018 y hasta el 2022 me di cuenta que el network marketing y el trading se habían fusionado como un método de negocio muy redondo que promovía enseñar trading en línea mediante un grupo de educadores. El negocio fue un gran éxito para esos trader de la vieja escuela que tuvieron la gran idea de ejecutar un proyecto así, todo constaba en vender lo maravilloso del trading y un cumulo de gente que se encargara de promover en todo un país este modelo de negocios de forma masiva. Las empresas que se enfocaron en vender como una universidad colegiaturas a precios accesibles para quien quisiera aprender abrían la puerta para miles de personas que deseaban cambiar su vida de una forma revolucionaria, prometiendo volverse un master trader en un año, pero la realidad era que esto solo eran promesas vacías que jugaban con los deseos y anhelos de la gente. Si eres una persona inteligente te das cuenta de ello al momento que estás dentro, pero si a pesar de muchas cosas que llegas a ver ahí sigues haciendo algunas cosas nada éticas para los supuestos líderes que desean lo mejor para ti. Déjame decirte que todos ellos se engañan al seguir ahí creyendo que muy pronto lo lograrán, y puede ser que sí, aunque no deberían asegurar que en un corto tiempo. Si fueran sinceros con todos los participantes de su línea todo sería muy diferente.

Te platico un poco de mi experiencia en estos multiniveles, era el año 2014 cuando entre en una empresa de mercadeo que promovía productos que aseguraban mantener la salud y vitalidad del cuerpo humano. Todo era muy fascinante cuando te lo mostraban y lo único que tenías que hacer era mostrar el producto al prospecto y debías ponerle el mismo ímpetu para presentar el producto y prácticamente ellos casi te rogarían unirse al proyecto, pero lo que ellos ya habían obtenido de experiencia de años como promotor a mí me faltaba, por esa situación debía aprender lo necesario para volverme un master como ellos.

Después de un tiempo como ya mencioné me di cuenta que el proyecto y productos eran buenos todo era un aprender constante: liderazgo, estrategias de venta, hablar en público, crecer como un líder y elevar tu creencia en ti mismo eran aspectos muy geniales que debemos aprender si o si para desarrollarnos como una máquina para los negocios, pero esto fue lo que hizo que me diera cuenta del manejo de tus emociones y sueños como persona... lo supuestos líderes que te apreciaban y te motivaban cada día para verte crecer se desvaneció cuando todos esos master líderes se marchaban a otra red como ellos le decían a otro proyecto que les ofrecía un cheque mucho más jugoso y era difícil rechazar. Pues bien, todos sus mensajes motivadores y creencias que insertaban en tu mente para superarte y crecer para sacar a tu familia de un estilo de vida precario para ahora darles un estilo de vida con lujos se derrumbaban al saber que a todos ellos solo los movía el dinero, es decir que cuando ellos te hacían saber que lo lograron desde abajo tú también lo puedes hacer. Yo soy de la idea que si alguien más ya lo logró también tú y yo podemos lograrlo. La diferencia está cuando esas personas que supuestamente te ayudan solo te ven como una vía para ellos cobrar un cheque gigante. Ahora imagina cuando estás trabajando con un equipo a quien debes transmitir las ideas de ética y seriedad del negocio, mientras el líder te motiva a seguir adelante y eso mismo lo transmites a tu grupo de líderes que también tienen deseos y anhelos de superarse y tener un estilo de vida distinto. Al mismo tiempo te vuelves un mentiroso por seguir haciendo lo que tu líder ascendente hace para motivar a aquellos nuevos que van llegando, a fin de que su red crezca cada vez más. En el momento que tu líder se cambia a otra red todo se dispersa y es momento de volver a comenzar desde cero, aunque muchas veces el proyecto desaparece no así las promesas que tanto tu como tus líderes aseguraron y casi prometieron para tu grupo.

Entonces fue ahí cuando descubrí la doble moral de esos seudo mentores que no tienen un verdadero interés para contigo mucho menos para quien inicia a tu lado. Para ellos solo eres un número que suma a su cheque y si fueran sinceros al 100% el negocio no existiría.

La conclusión que saqué de todo este negocio de multinivel fue que para formar parte de ellos debes ser frio y sin escrúpulos para poderte enriquecer a costa de los sueños de otros. Si decides hacerlo te deseo lo mejor, recuerda que no solo debes ser ambicioso si no estar dispuesto a aprender todo lo necesario para volverte ese líder que te venden para poder escalar a la cima.

Si tu anhelo solo es volverte un trader alejado del multinivel solo busca educadores que enseñen el trading desde lo básico hasta lo avanzado, pero nunca busques a trader que te ofrecen conocimientos gratuitos porque te llevarás dentro de sus academias el doble o triple de tiempo. Nunca evites pagar un curso o una buena academia para ser un buen trader, al contrario, todo lo que cuesta es lo que siempre valorarás porque te cuesta dinero y tiempo para aprender.

Te había mencionado que me llevó cierto tiempo para volverme un trader profesional por esta razón que te hice saber del multinivel, luego conocí otra empresa que ofrecía trading con multinivel, pero en base a mis experiencias nada de esto me parecía atractivo. Me vi en la necesidad de buscar una academia que solo enseñará trading y nada más y la encontré, aunque como te decía antes todo lo que ocurre nos deja un aprendizaje que en cierto momento será de utilidad, y así lo fue porque ahora esos conocimientos los apliqué en negocios de bienes raíces negocios que hasta hoy continúo desarrollando.

Para concluir esta sección solo cabe aclarar que lo que decidas aprender hazlo sin perjudicar a nadie, no te aproveches de las personas que quieren salir adelante y quienes están allá afuera buscando las maneras de hacerlo. Si este curso que dispongo para ti te sirve, creme que para otros será obsoleto por tener ellos previos conocimientos y una trayectoria establecida, pero para quienes inician esto será distinto a sus ojos. Mi tiempo dedicación están contenidos en este tomo y como todo escritor su trabajo ha de ser retribuido de alguna manera. Si adquieres este curso no olvides que alguien se ha dado el tiempo para investigar, redactar y recabar todo lo aquí plasmado. No consideres que al leer este libro ya serás un trader rentable, porque incluso yo tuve que leer muchos libros, cursos y entrenamientos de trading, de esa forma aprendí demasiado y hasta aun sigo desarrollando mi técnica en el trading.

1.5.   Trading vs Forex

El Forex está relacionado al trading, es decir que es una rama de este y solo se enfoca en la inversión de divisas o monedas de todos los países que generan una fluctuación en muchos mercados del mundo. Si fueras a rusia ahí usarías el rublo ruso, pero tendrías primero que intercambiar tu moneda por el rublo ruso para poder adquirir productos o servicios en ese país. Si fueras a cualquier otro país tendrías que hacer lo mismo y en el intercambio de divisas ya estás haciendo Forex.

La palabra trading se refiere a un término en general con respecto a las inversiones en los mercados financieros ya que tanto el Forex, las binarias, acciones, futuros, criptomonedas, así como otros derivados financieros se comercian en todo el mundo y existe entonces una especie de organismo donde se ve reflejado todo este tipo de movimientos de forma periódica. Si el oro se vende como activo subyacente existen los datos de esa comercialización de ese valioso metal llamados derivados financieros. Veamos pues la definición de un derivado financiero:

Los derivados financieros son instrumentos financieros cuyo valor depende del precio de otro activo subyacente, como una acción, una materia prima o un índice.

Aunque los derivados financieros son a menudo asociados con la especulación, también tienen importantes usos prácticos y pueden proporcionar importantes beneficios económicos, como la reducción del riesgo, la creación de nuevos productos financieros, la especulación y la facilitación de liquidez.

Sin embargo, también es importante tener en cuenta que estos instrumentos financieros pueden ser complejos y riesgosos, por lo que es necesario entender su funcionamiento antes de utilizarlos.

(de la garza,bruno, rankia.mx, 2022)

www.rankia.mx/blog/como-comenzar-invertir-bolsa/3115...

Si te preguntas que es ahora un activo subyacente la respuesta es muy sencilla, todo lo que se comercia en los mercados financieros y es palpable eso es un activo subyacente, cualquiera de ellos tiene su respectivo precio comercial con la diferencia que los activos subyacentes se comercian físicamente y los derivados se comercian mediante los CFD algo que veremos más adelante de forma más detallada

1.6.   ¿Qué es Forex?

Definición de Forex

El mercado de divisas (también conocido como Forex, abreviatura del término inglés Foreign Exchange o FX) es un mercado mundial y descentralizado en el que se negocian divisas. Este mercado nació con el objetivo de facilitar el flujo monetario que se deriva del comercio internacional. El volumen diario de transacciones que lleva a mover alrededor de cinco trillones de dólares, operando en un día lo que Wall Street puede mover en un mes. Los principales centros de negociación son las bolsas de Londres, Nueva York y Tokio. Primero abren los mercados asiáticos, posteriormente los europeos y finalmente abren los mercados americanos. El mercado abre el domingo por la tarde (hora de la costa Este de Estados Unidos) y cierra el viernes a las 4:00 p.m. hora del Este. Esto permite el acceso permanente a los mercados con el beneficio de una mayor liquidez y una capacidad de respuesta rápida a los acontecimientos económicos o políticos que tengan efecto sobre él.

La definición de Forex se traduce como venta y compra de moneda extranjera por sus siglas en inglés: Foren ex change. Este concepto es muy sencillo y lo que menciona es que en el mercado de Forex se ofertan divisas como método de intercambio, es decir que al intercambiar una moneda por otra ya estamos haciendo Forex.

1.6.1. Divisas

Ahora te preguntarás ¿Qué es una divisa? Pues bien, una divisa son las monedas que existen en todo el mundo y que se utilizan para comprar y vender todo tipo de productos o servicios. Por mencionar algunas: el dólar, euro, franco, yen japonés, libra esterlina, dólar neozelandés, peso mexicano, sol peruano, bolívares, quetzal, dólar canadiense, rublo ruso, etc. Como puedes ver existen muchas divisas o monedas en todo el mundo y al intercambiar una con otra ya estamos haciendo Forex. De hecho, cuando tienes que visitar algún país extranjero y es necesario adquirir la moneda de aquel país para poder adquirir servicios o productos. Al intercambiar tu moneda por otra ya has formado parte del mundo de Forex. El detalle es que, al hacer trading tradicional por así decirlo, tendrías que tener una casa de cambio para poder comerciar divisas, pero con esta nueva modalidad de comercio digital ahora todo es más sencillo.

No te preocupes si se te hace chino mandarín. La verdad es que no es algo muy complicado de entender ni de hacer. Ya lo veremos más adelante. En Forex existen distintos mercados donde hacer comercio digital y cualquiera de ellos es muy rentable: Forex, binarias, acciones, cripto, futuros, materias primas etc. Si aprendes a invertir en una de ellas, aprenderás por ende a ganar en todas las demás. En esta ocasión aprenderás a invertir en el mercado de las divisas... Forex.

1.7. ¿Cómo inicio en Forex?

Iniciando en Forex

Te confieso, cuando las personas se inscriben a un curso o pagan una capacitación que les hará ganar en los mercados bursátiles, casi siempre tiran la toalla en el primer mes, porque lo que ven en los mercados financieros son muchos números, líneas aquí y allá, educadores hablándoles en términos técnicos que aun no conocen, creen que desde un inicio ya ganarán cientos y miles de dólares o tienen la errónea idea que solo alguien que estudió matemáticas o contabilidad o economía puede hacer el Forex. La verdad es que no es así, pero te entiendo si tú has llegado a creer eso, porque es algo nuevo para todo el que inicia. En su momento Yo también pensé así, pero por mi experiencia en otros proyectos me di cuenta que la paciencia paga muy bien. Que no se te olvide eso. De Forex escucharás que no funciona, que es un fraude, que solo son apuestas, que nunca se gana nada, que es una pirámide, que te roban el dinero, que vas a sufrir haciendo mucho y ganando poco, que no es real ganar dinero en internet, que mejor quédate en tu empleo, que vas a salir llorando y odiando Forex, que solo es una ilusión creada por los ricos, en fin, te dirán mucho sobre este mundo de las inversiones. La realidad es que todos ellos que te dicen lo peor y hablan pestes de las inversiones, solo son personas que comenzaron y al no ver veneficios prontos, tiraron la toalla a los primeros retos. Otros más se han creado una opinión de alguien más que ni si quiera se ha sumergido al trading, y su mente cerrada en el mundo de los negocios digitales les da el poder de soltar una opinión sin fundamentos y con un alto ego. Te lo digo, porque en mi camino encontré muchos como ellos, que solo se quejaban de los retos que tenían frente a ellos, pero no tuvieron los suficientes para concluir. Te invito a que tu no seas de ese montón. Recuerda algo, para tener resultados distintos, debes hacer cosas distintas. Dios nunca se queda con el trabajo de nadie. Ten paciencia y a pesar de los retos, sigue adelante, tarde o temprano llegarán los resultados.

Para comenzar en este mundo existen herramientas que es necesario saber usar y conocer muy bien y lo más importante saber manejarlas como un master para comenzar a analizar el mercado. El mercado de Forex mueve alrededor de 5.3 trillones de dólares al día, siendo este uno de los más líquidos y abundantes del comercio digital. Esto también nos dice qué si te metes a invertir en los mercados financieros y te ganas unos dos o tres millones, no le haces ni cosquillas al mercado. Aquí hay mucho dinero de por medio, pero solo los más preparados son quienes ganan sumas de seis o siete cifras. Esto no significa que quienes llevamos un camino recorrido o quienes van iniciando no podrán ganar, claro que no, cualquiera puede ganar, el detalle está en que se va ganando de acuerdo a tu progreso y diciplina y constancia. En este mercado intervienen los bancos centrales, los gobiernos, instituciones financieras, multimillonarios, etc. todos ellos son quienes mueven el mercado y lo hacen Ser liquido es decir que esté en constante movimiento y repleto de dinero. Es como el mar donde existen fuerzas naturales que hacen mover el agua, fenómenos que sabemos existen, pero no tenemos la capacidad de manipular para controlar el océano. Pues bien, así es el mercado de Forex, se mueve por grandes empresas y gobiernos que hacen fluir el capital que cambia de unas manos a otras, que desde luego nosotros también podemos beneficiarnos de ellos. Te pongo un ejemplo: una ballena se mueve por el océano de aquí y allá y nadie puede detenerla ya que es muy grande, pero tal vez sabías que mientras ella se desplaza de un lado a otro muchos pequeños peces y otros microorganismos se alimentan de ella sin saberlo. La clave está en buscar el lugar correcto para alimentarse de los residuos de su cuerpo al igual que lo hacen las pulgas y garrapatas con los perros, buscan áreas lejanas y que estén cálidas, además de ser inalcanzables para el perro. Tal vez te parezca chusca esta analogía, pero así es el mercado de Forex, solo se tiene que buscar el lugar y momento ideal para tomar ventaja de los movimientos o dirección que toman estas entidades financieras ya que los movimientos que se dan en el mercado son debido a que estas entidades están invirtiendo y es ahí cuando debemos seguir esa dirección. La ballena representa a aquellos gigantes que hacen mover el mercado y de los cuales debemos pegarnos a ella porque si se mueve esto significa que el ambiente está cambiando. Te digo esto porque en Forex, como en el mar existen dos tendencias o dos fuerzas que las mueven, y cuando se aprende a interpretarlas ya llevas una gran ventaja. Aquí te lo explico. Si las olas del mar se mueven de adelante hacia atrás, es decir que van y vienen una y otra vez. Pues el mercado se mueve de forma similar, es decir que sube y baja. Solo eso verás hacer en Forex, solo subir y bajar, lo que nosotros llamamos tendencia alcista y bajista. Cuando te mueves en el mercado no buscas ir en contra de las olas, porque recuerda existen otras fuerzas que hacen mover el océano. Lo que queda por hacer es seguir las olas o tendencias como un surfista. Cuando estas retroceden tú lo haces también, y si las olas o tendencias avanzan tú lo haces igual. Recuerda solo sigue a la ballena y aprovecha la fuerza de su movimiento y su imponencia para no salir perdiendo.

1.7.1.　El trading desde mi smartphone

¿Sabías que con la nueva tendencia tecnológica ahora se puede hacer trading desde la comodidad de tu teléfono? Pues bien, aunque te parezca una locura ahora esto es muy posible. En su momento también creí que eso era una estupidez, mis instintos naturales y de supervivencia y mi mente cerrada decían "no es cierto" "no es posible ganar dinero desde la comodidad de mi casa, mientras duermo o me rasco las pelotas. Si fuera así todos estarían haciendo esto y nadie pasaría hambre". La realidad amigo es que muchos vemos algo así y al igual que Yo creemos que al decir dinero "fácil", desde ese momento desconfiamos, sin si quiera darle una oportunidad a este proyecto que llega a tocar tu puerta y que si haces de manera profesional te dará .la vida que buscas.

El mundo tecnológico ya está aquí y llegó para quedarse, sino te has dado cuenta de ello, como muchas personas les tomará por sorpresa y como en la pandemia no sabrán cómo reaccionar a los retos sino hasta que Ya tengan el problema encima. Si te diste cuenta muchas personas perdieron su empleo, otras más que tenían un negocio tradicional fueron también muy afectadas sin nada que hacer al respecto. En mi caso fui uno de los afectados ya que recién había sido contratado en un empleo, y no me creerás, pero solo duré ahí dos días. Fue ahí cuando me dije... no volveré a conformarme con una sola fuente de ingresos, buscare otras fuentes que me hagan ganar mientras estoy roncando o rascándome las pelotas. Espero que a ti no te pase algo similar, pero sobre todo no seas una persona conformista que no busca más fuentes de ingreso, aunque no creo que seas de esas personas, porque si estás aquí en este curso, eso quiere decir que estas en busca de una profesión que te deje muy buenos dividendos.

1.8.   Pares de divisas

¿Cómo inicio a operar en Forex?

En primer lugar, lo primero que hay que tener claro es que a la hora de operar en el mercado Forex se hace negociando pares de divisas, los cuáles se componen de una divisa base y una divisa cotizada. De acuerdo con las divisas que componen el par, se clasifican en: pares mayores, pares menores y pares exóticos. En Forex siempre verás un par de divisas frente a otra, esto nos dice que la primera divisa es la divisa base y la otra es la divisa cotizada y la que se encuentra primero se cotiza frente a las otras, por ejemplo: (EUR VS USD) Este par se refiere a dos pares de divisas que están en cotización. La divisa a la izquierda, nos dice que el euro es la divisa primaria o divisa base, y se vende frente al dólar estadounidense. Si encuentras un par de divisas con las siguientes características: (EUR VS USD=1.2342) Esto significa que un euro equivale a 1.2342 dólares estadounidenses Como ya dijimos la divisa que está a la izquierda es la que está en negociación ya sea a la venta o compra y la divisa a la derecha es lo que se paga o compra por ella.

1.8.1.　　Pares de divisas

Los pares de divisas son varios que siempre encontrarás en pares, aquí algunos de ellos y su orden de importancia:

divisas

EUR: euro. USD: dólar estadounidense. CHF: franco suizo. CAD: dólar canadiense. AUD: dólar australiano. NZD: dólar neozelandés. GBP: libra esterlina. JPY: yen japonés.

1.8.2.　　Pares mayores

Pares mayores siempre contienen el dólar estadounidense:

(EUR VS USD) (USD VS CAD) (GBP VS USD) (CHF VS USD) (USD VS AUD) (USD VS NZD) (USD VS JPY)

De esta forma podrás encontrar los pares mayores, aunque pueden cambiar de posición no obstante estos pares son los más importantes que son recomendables usar cuando se inicia en Forex.

1.8.3.   Pares menores:

Los pares menores son pares de divisas que no contienen el dólar estadounidense.

En este caso hablamos de ocho pares principales los más importantes, si excluimos al dólar americano quedan siete divisas y son estas las que se combinan entre sí para formar pares menores o cruzados.

(EUR VS CHF) (AUD VS CAD) (GBP JPY) (NZD VS GBP)

1.8.4.   Pares exóticos:

Existen otro tipo de pares que se utilizan con menor frecuencia por su gran riesgo o volatilidad y estos son los pares exóticos. Se llaman así por ser divisas de países emergentes, es decir que aún no son muy firmes económicamente para poder comerciar con ellos.

La recomendación que se da a quien inicia a invertir en los mercados financieros es no tomar posiciones con estos pares, ya que tienen un alto margen de riesgo y un spread demasiado alto en la mayoría de ellos.

Aquí algunos pares exóticos:

Rupia de la india, quetzal, bolívares, pesos colombianos, soles peruanos, rublos rusos, lempiras, peso mexicano, peso chileno, los Piedrólares□,etc.

Cualquiera de estos pares se puede combinar con los ocho pares principales, pero como ya mencionamos sino quieres salir llorando y odiando el Forex no te metas con ellos. Podemos decir que son los chicos malos del trading de divisas.

1.8.5. ¿Qué saber para invertir?

Para poder invertir en los mercados financieros es importante conocer las divisas que más se manejan para sacar beneficio de cada operación que ingreses, recuerda que, si ocupas divisas exóticas o algunas poco utilizadas, perderás más de lo que ganas.

Aquí tienes los pares de divisas más utilizadas:

1.   el dólar se comercia en un 85 por ciento en todo el mundo. Esto significa que la gran mayoría de trader está invirtiendo en el dólar estadounidense.

2.   EURO, se opera en un 39 por ciento en todo el mundo. Esto nos indica que los trader invierten en el euro.

3. yen japonés se comercia en un **19** por ciento en todo el mundo, es decir que la gran mayoría de trader utilizan el yen japonés como divisa para invertir.

4. Libra esterlina se comercia en todo el mundo en un **13** por ciento, es decir que gran cantidad de trader invierten en esta divisa.

5. dólar australiano, franco suizo, dólar canadiense y dólar neozelandés estas divisas se comercian por los trader en todo el mundo por debajo del **8** por ciento, es decir que estas divisas son utilizadas para invertir y ganar.

Recuerda que además de conocer cuando abren los mercados, también debes elegir tu par de divisas acorde a tu horario de análisis e inversión.

2. Capítulo2: entendiendo el mercado.

2.1 Horarios del mercado

El mercado de Forex abre solo cinco días a la semana, teniendo dos días restantes sin actividad. Las actividades inician el domingo a partir de las 4:00 P:M y cierran el viernes a las 4:00 P:M Esto significa que tienes cinco días para ganar dinero y dos días para reflexionar tu estrategia o tu plan de trading.

Nuestro día financiero en Europa (Londres) luego en Tokio (Japón), después en Sídney Australia y termina en Nueva York (USA). En este camino de 24 horas abren muchas bolsas que veremos a continuación. Los cambios de horario de invierno-verano es un aspecto que deberás tener en cuenta, puesto que no todos los países realizan ese cambio de hora en las mismas fechas que en Europa (como por ejemplo Estados Unidos y México) e incluso hay países que tienen el mismo horario durante todo el año (como Japón y Hong Kong). El horario es ininterrumpido en todos los mercados excepto en Japón y Hong Kong. Estos dos mercados realizan una parada para el almuerzo de una hora, por lo que divide su cotización en dos sesiones: una de mañana y otra de tarde.

En el mercado de FOREX existen cuatro submercados por los que se rige FOREX: mercado de new york, Londres,Sídney y Tokio.

Los horarios de apertura dependen de tu ubicación en el mundo: Londres abre 03:00 A.M. y cierra a las 11:00 A.M. hora del este.

New York abre a las 08:00 A.M. y cierra a las 4:00P.M.horadel este.

Sídney abre a las 5:00 P.M. y cierra a las 1:00 A.M. hora del este.

Tokio abre a las 7:00 P.M. y cierra a las 3:00 A.M. hora del este.

En este punto debes tomar en cuenta tus tiempos o hábitos De vida que te permitan hacer trading sin ninguna dificultad. La recomendación que se da a quien inicia en el trading es que se acople a uno de estos cuatro mercados que bien puedes hacerlo de tiempo completo o medio tiempo, como ya he dicho de acuerdo a tu estilo de vida. Todo dependerá de donde te encuentras para poder identificar tu horario ya que este cambia de acuerdo a la zona horaria de tu país. Por ejemplo, en México existe una hora de diferencia por lo tanto los horarios de apertura cambiarán notablemente y mientras que en algunos países es de día cuando abren, en otros es de madrugada. El horario de Londres en México abre a las 02:00 A.M y cierra a las 10:00 A.M. New york abre a las 07:00 A:M y cierra a las 03:00 P.M. Sídney abre 05:00 P.M y cierra a la 01.00 A.M Tokio abre a las 07:00 P.M y cierra a las 03:00 A.M.

El horario como puedes darte cuenta varía de un país a otro es preciso pues identificar el horario correspondiente a tu país. Forex time zona converter.com en esta página puedes ubicar el horario en que abre el mercado en tu zona.

2.1.1. ¿Cuándo operar en Forex?

Se tiene que idear una estrategia que sea acorde a tu estilo de vida y que no impida realizar tus actividades con normalidad. Si quieres volverte rentable en FOREX debes mantener una gestión de riesgo adecuada y un buen plan de trading, además de mucha diciplina y paciencia. Algo que no debes olvidar nunca… trata el mercado de FOREX de forma profesional y así te pagará, ya que si lo haces como un juego así te irá. Investiga cuando abren los mercados en tu país y de acuerdo a ello has trading.

El Forex se puede acoplar a tu estilo de vida si tienes muchas actividades que realizar a lo largo del día, no obstante, puedes organizar tu tiempo y verás que en cierto momento ya estarás haciendo trading mientras trabajas, descansas, juegas o vacacionas. Al igual que yo hago trading en las mañanas y un poco por las noches antes de irme a dormir, solo ingreso algunos trades y los dejo correr hasta la mañana siguiente.

2.2 ¿Qué es un bróker?

Un bróker es una entidad financiera autorizada
y regulada que ejecuta las órdenes de los trader en los
mercados. También es responsable de la seguridad de
los fondos que pertenecen a sus clientes El bróker
proporciona al trader la plataforma de trading y una
gran colección de herramientas de análisis, historial de
precios, varios tipos de gráficos, indicadores de análisis,
calculadoras de volumen, noticias económicas, etc. Un
BROKER es una sociedad que se dedica a operar en el
mercado financiero siendo el intermediario entre tu y
el mercado de FOREX.
para que te des una idea de que es un bróker, es como
si fueras a las carreras. Frente a ti tienes a tres autos de
carreras, uno tiene el número 27, otro el número 30 y
el otro tiene el 21. El bróker es quien organiza las
carreras, toma las apuestas y cuando se define al
ganador, reparte las ganancias a cada apostador. Otro
ejemplo: cuando vas a jugar free five four nine con tus
amigos, y al jugar tu equipo fue el ganador de todas las
partidas. Tu como jugador eres el trader, la consola del
juego es el bróker y la interacción, efectos especiales,
gráficos, iconos y efectos audiovisuales es el mercado.

Un bróker lo necesitas si o si para invertir en el mercado, no existe forma de que lo puedas hacer por tu cuenta. Por decir algo cuando asistes a una subasta tu no llegas a comprar como en un supermercado ni en una verdulería, necesitas un grupo de personas que organizan las subastas ya que ellos son quienes traen a los inversionistas y cierran las ventas. En conclusión, el bróker tómalo como tu aliado donde ambos ganarán y perderán de todas las partidas que se ejecuten, es por eso que debes hacer lo necesario para que tus trades sean a tu favor.

2.2.1   ¿Qué es un trader?

Un trader es un individuo o una empresa que opera en los mercados financieros por su propia cuenta. Es el vendedor o comprador en una transacción de bolsa. Cualquiera puede ser un trader. Teóricamente no hay necesidad de capacitación o acreditación. Pero, debes tener conocimientos y habilidades para no perder dinero. El trader lanza órdenes de compra o venta en el mercado, pero no tiene acceso gratuito a estos mercados, necesita un intermediario para dárselo y ejecutar sus órdenes. Este es el bróker. Un TRADER es una persona física que se encarga de comprar y vender divisas, analizar el mercado y ejecutar sus análisis de forma independiente.

Si estás iniciando este curso ahora mismo, ya puedes considerarte un trader, ahora de ti depende volverte un trader profesional o un simple amateur.

2.2.2 ¿Qué no hacer como trader novato?

Hoy en día existen muchos canales que se encargan de ofrecerte señales para ganar dinero sin hacer el debido análisis, solo que aquí hay tres desventajas muy importantes a tomar en cuenta:

1. Dejas de aprender a hacer trading por tu cuenta.
2. no tienes control de las ganancias ni perdidas porque quien comparte los trades tiene su gestión de riesgo y plan de trading, algo que debe ser y hacerse personalizado.
3. los trades no son confiables y en vez de hacerte ganar, pierdes tu capital. Muchos canales así solo son pirámides que comparten trades después de ya haber sido ingresadas y luego de un tiempo son compartidas a los canales de trading. No quiere decir que soy un espantado de los canales de trading, lo que ocurre que muchos de ellos son pirámides que solo atraen a la gente para quitarle su dinero. El modus operandi es captar el capital en grandes cuentas que ellos hacen trabajar ganando muchos dividendos a su favor y a los inversores les dan una mínima proporción de las ganancias. Alguna vez estuve en canales así hasta que encontré uno que si te enviaba trades muy buenos. La diferencia era que la gestión de riesgo y el plan de trading eran los que llevaba el trader y su capital era más alto que el mío, por lo tanto, su gestión de riesgo era alto y si alguien con un capital bajo ingresaba esas señales sin una previa educación era seguro que perdiera su capital por completo. Después de un tiempo encontré una

academia que en realidad te enseñaba a hacer trading de una forma profesional al punto que si lo deseabas te podrías convertir en un educador de esa academia. Esa universidad de trading fue la que me formó en este mundo y fue así como comencé a generar resultados desde la primera semana. En esta academia no solo encontré teoría, sino respaldo de los educadores, un mentor en el trading, pero lo que más me agradó fue que podías hacer inversiones en vivo junto al educador de tu preferencia y recibir canales de señales mientras aprendías. Lamentablemente esta academia ya no existe y recuerdo que duró casi diez años enseñando en los estados unidos. Una academia con muy buen contenido y grandes educadores de seis a siete cifras y con un precio accesible para quien deseaba aprender. La mensualidad en esa academia te costaba 3,000 USD y en un año ya eras un master en el trading. Como te comento ya no existe, pero muchos trader salieron de ahí e infinidad de ellos crearon sus propias academias y continúan haciendo trading al igual que yo, solo que yo no había compartido mi conocimiento hasta ahora que escribo este curso para ti.

2.2.3   El uso de meta trader 4

El uso de la plataforma meta trader y un bróker es algo de lo que ya se habló con anterioridad, ahora sabe una cosa... si se va a invertir en los mercados financieros debes saber que existe una plataforma llamada meta trader 4, cuya función es fundamental para hacer trading desde la comodidad de tu teléfono.

No se te olvide que para esto necesitaras internet para conocer el desplazamiento y movimiento hecho por tus trades entiempo real.

Te lo muestro con un ejemplo para que te des una idea de cómo funciona la plataforma meta trader.

Si fuiste como yo, a quien le gustaban los videojuegos de Nintendo como el game boy, sabrás que todos estos juegos requerían un cartucho donde se codificaba la información del juego y la consola lo reproducía para iniciar a jugar.

Pues bien, pongámoslo fácil tu eres el trader quien tiene el control, la consola es la app meta trader 4, y el bróker es el cartucho, quien tiene la información de tu cuenta.

Cuando el cartucho está dentro del videojuego ya puedes iniciar la diversión. Si no tienes cartucho ni la consola para jugar, no tienes nada, por lo tanto, estos tres factores se deben cumplir para poder entrar al juego.

Como ves, con este ejemplo es más fácil entender cómo se tiene que iniciar a ganar en el trading.

El bróker solo te presta un servicio al igual que un banco, solo posicionando tu capital en una cuenta, aunque existen otros que tienen su propia plataforma para tradear, pero no es muy recomendable su uso ya que, al ser manejada por ellos, no te aseguran un análisis genuino en los análisis. Lo más inteligente es usar plataformas independientes que te permitan analizar con libertad y con tus trades más autónomos.

Para eso puedes usar meta trader 4 o 5, investment.com y trading view.com

Estas plataformas no están vinculadas a ningún bróker o asesor financiero que tenga acceso a tu cuenta.

Que nunca se te olvide el funcionamiento de un bróker, la actividad de un trader y la función de una plataforma para hacer trading.

2.3 Tendencias

En el mundo de las inversiones siempre encontrarás dos tendencias que rigen al mercado, dos tendencias que nunca cambiarán solo debes seguirlas y estarás del otro lado:

Tendencia alcista: se le llama así al movimiento que hace un precio cuando se cotiza ante otra divisa, es decir que cuando un par de divisas o activos financieros se ofertan uno ante el otro nos quiere decir que el valor de una divisa aumenta ante la otra y ese movimiento que hace cuando aquella moneda está siendo adquirida con más frecuencia lo veremos alzarse cada vez más. Ese repunte del precio al alza se ve reflejado en una tendencia alcista representado también en una gráfica similar a un electrocardiograma.

Tendencia bajista: esta tendencia es lo contrario a la otra, es decir que refleja el movimiento de un precio ahora hacia abajo. Como se menciona en la tendencia alcista, ahora la tendencia bajista representa un precio que cae ahora por el grupo de vendedores que arrastran al precio hacia abajo.

Algo muy sencillo de entender... si una moneda es comprada con mucha frecuencia, podemos hablar que el precio subirá, y si la divisa deja de ser adquirida, el precio bajará.

2.3.1   Los toros y los osos

En FOREX las dos tendencias que hacen fluir al mercado... la tendencia alcista y bajista se representan con un toro y un oso.
El toro representa la tendencia alcista es decir la compra (BUY) o posición larga. Se da esta representación debido a su forma de ataque, por ejemplo: el toro cuando ataca, enviste con sus cuernos de abajo hacia arriba lanzando con fuerza arriba, por eso se le llama tendencia alcista y se representa con este animal.

El oso representa la tendencia bajista, es decir la venta (SELL) o posición corta. La forma de atacar de un oso es muy conocida. Una vez estés frente a él, poca probabilidad tienes de sobrevivir. Cuando ataca lanza un zarpazo diagonal con una presión de arriba hacia abajo que hace rasgar la piel de su presa a fin de limitar las acciones de esta. La tendencia bajista se representa pues con este animal salvaje.

Aunque se habla de una tercera tendencia que ocurre muy poco en el mercado, pero a ella no se le da ninguna representación como las ya mencionadas. Consolidación, es una tendencia horizontal que indica que las tendencias alcista y bajista no reflejan ningún movimiento hacia arriba ni hacia abajo, solo se da un movimiento horizontal o lateral que indica que el precio no tiene afluencia, es decir que no hay actividad importante con el par de divisas en juego.

Nunca olvides esto… en tendencia alcista siempre buscamos compras (BUY), en tendencia bajista siempre buscamos ventas (SELL). Si te llega a parecer lógico, te digo, lo es, solo que en ocasiones creemos Que cosas así deben ser complicadas para que cubran las expectativas que llegamos a tener en el trading.

2.4   El PIP

¿QUÉ es el PIP?

Un PIP es la unidad de medida para cuantificar tu nivel de ganancia o pérdida en trading.
La mayoría de pares de divisas figuran con cuatro decimales excepto el yen japonés.
El cuarto dígito después del punto decimal a la derecha se representará como el PIP.
Por ejemplo:
EUR VSUSD=1.2174
GBP VS NZD=0.7210

Esto es algo muy importante que debes entender para poder invertir de forma correcta. Te recomiendo repasarlo hasta que lo entiendas cien por ciento.

El PIP es la unidad de medida de los movimientos que hace el precio de un par de divisas, es decir que el PIP es la unidad de medida de las cifras que se mueven en un precio. Como el kilogramo, el kilómetro, el centímetro, la hora, los litros, etc. Este ejemplo te ayudará mucho para entender que es el PIP y como se da valor al mismo. Un termómetro refleja la temperatura del ambiente, si la temperatura sube los indicadores del termómetro subirán, si la temperatura baja los indicadores bajarán respectivamente. Tal vez dirás, es algo lógico. pues sí, pero una cosa es que suba o baje. Lo importante está cuando interpretas porque sube o porque baja, y lo más fundamental es darle valor a esos dígitos que se mueven hacia arriba o abajo.

Si amigo@, esto significa en Forex que para poder ganar dinero en este mundo aprenderás a interpretar los movimientos y dar valor a los puntos que subió o bajó el termómetro. Así es, siguiendo con el termómetro. Cuando los números que indica el termómetro suban algunos dígitos seremos capaces de dar valor y poder ganar dinero cuando la temperatura baje o suba. Imagina que Forex es un gran termómetro, que sube o baja algunos grados y por ello nosotros ganaremos por ese movimiento. También imagina que el gran termómetro de Forex refleja la temperatura del planeta y cuando suba o baje nos traerá veneficios. Aunque esto te parezca chusco, sabías que el mercado de Forex se interpreta por el manejo de la economía en todo el mundo. Por eso este ejemplo es tan sencillo que todos lo entendemos fácilmente. Tan sencillo, si en el mundo ocurre algún desastre natural, acontecimiento político, ataque bélico, caída de una economía, y más; influirá en el mercado de Forex.

2.4.1   ¿Cómo interpretar el valor del PIP?

Si aún no está claro, no te preocupes de esto hablaremos más a fondo delante de este curso. Aquí un ejemplo: EUR VS CAD 1.32711. el PIP lo identificamos a la derecha, es decir 1. Si el precio se mueve de 1.32711 a 1.32715, significa que el precio se movió cuatro PIPS a favor, pero si el precio de 1.32711 se mueve a 1.32704, significa que el precio se movió siete PIPS en contra.

Ahora vayamos a un ejemplo que nos sirva de referencia para los demás ejercicios donde cambiamos el nivel de los lotes.

USD VS NZD 0.2120, donde el precio subió hasta 0.2135. si te das cuenta en esta operación el precio avanzó 15 PIPS a favor. Ahora chequemos cuanto podrías ganar si haces las cosas bien.

0.01, significa que el precio por cada PIP que se mueva tendrá un valor de diez centavos de dólar. Si se movió 15 PIPS y el valor por PIP es de diez centavos, significa que ganaste... $1.50(un dólar con cincuenta centavos)

0.02 ganaste... $3.00(tres dólares)

0.05 ganaste... $7.50(siete dólares con cincuenta centavos)

Ahora vayamos con un mini lote, donde el valor por PIP es de un dólar:

0.10, significa que cada PIP que se mueva costará un dólar. Si se movió 15 PIPS, significa que ganaste $15.00(quince dólares) 0.20, ganaste $30.00(treinta dólares) 0.50, ganaste $75.00(setentaicinco dólares)

Ahora vayamos con un lote, donde el valor por PIP es de diez dólares.

1.00, significa que cada vez que se mueve el PIP tendrá un costo de diez dólares. Si se movió 15 PIPS, ganaste $150.00(ciento cincuenta dólares)

2.00, ganaste $300.00(trescientos dólares)

5.00, ganaste $750.00(setecientos cincuenta dólares)

Por último, si quieres saber cuánto puedes ganar con lotes más grandes, solo has la multiplicación correspondiente.

10.00 valor por PIP de cien dólares.

20.00, valor por PIP de doscientos dólares.

50.00, valor por PIP de quinientos dólares.

100.00, valor por PIP de mil dólares.

Con respecto a los lotes definiremos más adelante este concepto para despejar dudas sobre ello.

2.5 Los Spread

Operar en el mercado Forex implica negociar una divisa a cambio de otra a un tipo de cambio determinado. Por lo tanto, las divisas se cotizan en términos de su precio en otra divisa. El spread en Forex es la diferencia entre el tipo de cambio al que un bróker de Forex vende una divisa y el tipo al que el bróker compra la divisa, dependiendo si estamos comprando o vendiendo dicha divisa.

El mercado de divisas, con un volumen de comercio diario de 5 billones de dólares estadounidenses, tiene muchos participantes, incluidos bróker de Forex, inversores minoristas, fondos de cobertura, bancos centrales y gobiernos. Toda esta actividad comercial afecta la demanda de divisas, sus tipos de cambio y los diferenciales o spreads entre ellas.

Para comprender mejor el spread en Forex y cómo le afecta a su trading, debe comprender la estructura general de cualquier operación en el mercado de divisas. Una forma de ver dicha estructura es que todas las operaciones se realizan a través de intermediarios que cobran por sus servicios.

Este cargo, que es la diferencia de la operación entre el precio de oferta y el de demanda, se denomina "spread".

(santos f. j., libertex.com, 2022)

https://libertex.com/es/que-es-un-spread-en-forex

El spread es la pequeña comisión que cobra el bróker a los trader por permitir el acceso al mercado y por gestionar sus operaciones ya sea por manejo de la cuenta o por la cantidad de lotes ingresados.

Un spread es una pequeña comisión que cobra el bróker por los servicios prestados, aunque es una comisión muy baja que no afecta los trades ingresados. Lo único que debes saber es cuánto te cobra de comisión el bróker por par de divisas, esto lo puedes encontrar en meta trader 4 o en la plataforma con que decidas hacer trading, justo a un costado del par de divisa se encuentra el spread y swap, otra comisión de la que hablaremos después.

2.5.1　¿Qué es el swap?

el swap es una pequeña comisión que cobra el bróker por órdenes abiertas por uno o más días. Si ingresas operaciones constantemente, recuerda que al dejarlas corriendo a partir de un día, ya comienza a correr esta comisión.

Las comisiones son una realidad para los trader que invierten en los mercados financieros por todo lo que conlleva gestionar una cuenta y llevar un registro de las ordenes ingresadas. Esto es lo que un bróker hace para ti en cuanto inicias tu actividad en alguna plataforma de trading.

Al ingresar tus operaciones tienes que pagar una pequeña comisión que es mínima, qué si haces las cosas de manera correcta en el trading ni te darás cuenta de los spreads. Si te preguntas de cuanto es la comisión que me cobran, solo debes saber que de acuerdo al par de divisa de pende la comisión. Si dicho par es muy usado la comisión es baja, pero si el par es poco frecuente su comisión aumenta un poco más. No creas que son comisiones altas, aquí solo hablamos de centavos de dólar: 10 centavos, 12 centavos, 18 centavos, 24 centavos, en fin, recuerda que de acuerdo al par y el monto de tu capital es la comisión. Si pusiéramos un par de divisas exóticas el nivel de spread aumenta más. Otro punto a tocar es la existencia de una comisión que hacen todos los Bróker... comisión por posiciones corriendo más de un día.

2.5.2 Spread fijo y spread variable

Cada bróker puede fijar su spread en función de su liquidez y cobrarlo por cada orden que el inversor ejecute en Forex, ya sea de venta o compra. Existen dos tipos de Spread: fijos y variables.

El spread fijo, como se intuye por su nombre, es constante independientemente de las variaciones que tome el mercado. La cantidad puede variar según cada bróker y en función del par de moneda que estemos operando. Esta opción toma relevancia para un inversor que quiere tener más control sobre el riesgo en sus inversiones y evitar sorpresas en momentos de gran volatilidad debido a noticias económicas o políticas.

El spread variable va cambiando en función de las variaciones del mercado, y por lo general suele tener mínimos más bajos que los fijos. Estos suelen ser ofrecidos por brókeres con ejecución ECN (Electronic Communication Network). Esta es una red que conecta a los mayores proveedores de liquidez interbancaria del planeta, consiguiendo en cada momento el menor spread para sus clientes. El uso de spread variable suele ser la mejor opción para trader con más experiencia, los cuales operan en day trading o realizan estrategias scalping.

Tener en cuenta el spread que cobra el bróker es uno de los factores a tener en cuenta a la hora de decidirnos por uno que cumpla nuestras expectativas.

3 Capítulo 3: La verdadera realidad en el trading.

3.1   Los lotes

¿Qué es el lote?

El lote es aquello que da valor al PIP en dólares. Existen tres tipos de lotes para manejar al momento de operar: micro lote, mini lote, y lote estándar.

Micro lote: 0.01. esto nos indica que cada PIP que se mueva ya sea a favor o en contra, tendrá un valor de diez centavos de dólar por PIP.

Mini lote: 0.10. esto nos indica que cada PIP que se mueva ya sea a favor o en contra, tendrá un valor de un dólar por PIP.

Lote estándar: 1.00. esto nos indica que cada PIP que

se mueva ya sea a favor o en contra, tendrá un valor de diez dólares por PIP.

Quizá uno de los conceptos más importantes en trading que debes aprender es qué es y a cuánto equivale un lote en Forex. Los lotes en trading son uno de los elementos básicos en la gestión de riesgo, ya que es la cantidad que inviertes en el mercado. Por esto, es necesario manejar y controlar este concepto básico en el desarrollo de cualquier estrategia de trading.

Los lotes en Forex son la unidad de valor que mide la cantidad de una transacción. Es el tamaño de un contrato financiero. En otras palabras, en función de la cantidad de lotes que negocies, la cantidad invertida será superior o inferior.

3.1.1   Los tipos de lotes

Existen 3 tipos de lotes diferentes:

1 □□   **El lote estándar**

2 □□   **El mini lote**

3 □□   **El micro lote**

Estos 3 tipos de lotes en trading se definirán y detallarán en el transcurso de este curso. Pero antes de eso, es importante tener en cuenta que la respuesta a la pregunta "a cuánto equivale 1 lote" es diferente dependiendo de si estás operando en Forex, un índice, una materia prima, criptomoneda o una acción.

3.1.2   ¿Cuánto vale un lote en Forex?

¿Quieres saber cómo se calcula el lote en el mercado de divisas?

1 lote en Forex equivale a 100 000 unidades de la moneda base

Cálculo del valor del lote en Forex

⊃ **EJEMPLO**

2 lotes en EUR/USD= 2 * 100 000 euros = 200 000 euros

20 lotes en EUR/USD= 20 * 100 000 euros = 2 000 000 euros

Por lo tanto, tal y cómo puedes apreciar, no existe una relación entre lotes y cotización en Forex, como pueda ocurrir con otros activos, son independientes.

¿Y cuál es la relación entre lotes de Forex y pips? Esto nos sirve para calcular las pérdidas y ganancias que tendríamos al operar en el mercado de divisas. Por ejemplo, si abrimos 2 lotes en EURUSD y hay una variación en el precio a nuestro favor de 2 pips, la ganancia que obtendríamos sería:

2 lotes * 100 000 euros * 0.0001 (cantidad a la que equivale un pip) * 2 (no de pips) = 20 EUR

(admirals, markets, 2022)

https://admiralmarkets.com/es/education/articles/forex-basics/lote-forex

3.1.3   Desglosando los lotes

Si lo que acabas de leer te dejó pensando rascándote la cabeza, porque no conoces aun de ello. Vamos a detallar más a fondo acerca de esto. El lote es lo que le da valor al PIP en dólares.

Antes habíamos hablado de esto y hablábamos de un termómetro, ahora supongamos que tenemos un termómetro que indica el calor y el frio. Cuando haga mucho calor subirá rápidamente y cuando haga frio bajará como es común ocurra. En un día soleado nos indica que el calor ha subido 27 grados en un día normal, una temperatura que llega a ser muy común. Pues él lo taje es lo que dará valor al PIP en dólares, suponiendo que en una ciudad se hizo un concurso para el público en general sobre pronosticar la cantidad de grados que subiría en un día en especial. Por cada grado que se adivine, se obtendrán cincuenta dólares. Un día antes se envía un correo con el pronóstico, nombre del participante, dirección, etc. Justo a medio día se selecciona el ganador entre tantos participantes que adivinaron el resultado. Quien envió el resultado más cercano a la cifra del sistema meteorológico es quien se lleva el premio de acuerdo a los grados que subió el termómetro. Si algunos se acercaron al valor máximo se les pagará de acuerdo a los grados que pronosticaron favorablemente.

El señor pablo Nájera fue quien se acercó más a la cantidad con 26 grados.

El señor gustavo Díaz se acercó con 25 grados.

La señorita julieta de gracia se acercó con 24 grados.

La señora Hilda soto fue la última persona que se acercó al resultado con 23 grados.

Estos son los montos para quien se acercó más al resultado.

Recordemos que se pagan cincuenta dólares por cada grado.

1.   **Pablo: 26x 50= 1300 dólares.**
2.   **Gustavo: 25x50=1250 dólares.**
3.   **Julieta: 24x50= 1200 dólares.**
4.   **Hilda: 23 x 50 =1150 dólares.**

Como puedes notar de acuerdo al pronóstico de cada persona fue lo que ganó cada uno, ahora imagina que el precio por grado se les pagó a cien dólares. Has la debida cuenta y descubre cuanto habrían pagado a cada uno.

En este ejemplo se refleja que los organizadores dieron el valor a cada grado que subió el termómetro, y en Forex es prácticamente lo mismo, solo que los lotes ya están establecidos para los trader imagina el valor que tú quieras a los grados de estas personas, el valor del lote se determina cuantos PIPS corrieron a nuestro favor.

solo dedícate a ser un profesional y cuando menos te des cuenta estarás ganando muy buen dinero en trading.

3.2 Herramientas a usar para hacer Forex

3.2.1 Metodología a efectuar para un adecuado trading

Las herramientas que necesitarás si o si para darle de lleno al trading son muy básicas, pero no menos importantes, por lo tanto, si quieres hacer este oficio de buena manera encárgate de tener lo mejor de lo mejor a la mano.

1. **Meta trader 4: esta es la app qué si o si ocupamos todos los trader para el Forex, aquí solo se comercian los mercados bursátiles y en ella se vincula la cuenta creada previamente con tu bróker de tu preferencia. Meta trader solo es una plataforma donde se da acceso al mundo del trading, sino se tiene o crea una cuenta con un bróker, no se puede hacer nada. En Forex difícilmente encontrarás un bróker con su propia plataforma para tradear, lo más recomendable es descargar meta 4 ya sea para tu teléfono o de escritorio.**
2. **Trading view: Esta es una plataforma que nos ayuda a los trader a ver en tiempo real el valor y movimiento de los precios de cualquier derivado financiero, con herramientas incluidas que facilitan un análisis técnico más certero.**

Con esta herramienta podrás analizar y ejecutar todos los TRADE completamente en línea y desde tu computadora, sin ninguna manipulación de ningún tipo todo de manera autónoma.

3. **Un bróker es lo principal que debes tener a la mano si ya cuentas con todo lo demás para**

sumergirte en el trading. Te recomiendo que te asesores de un bróker que sea exclusivamente para Forex ya que hay tantas opciones que te puedes confundir con bróker para binarias, acciones, u otros derivados financieros.

4. Tu plan de trading completamente personalizado para iniciar a ganar. En este punto es muy recomendable consultar con tu mentor en trading acerca de una recomendación de plan de trading de acuerdo a tus necesidades. Si no cuentas con cuenta real trata de seguir el plan de trading que te comparto más adelante que te servirá de mucho.

3.3 Tipos de ordenes u operaciones

3.3.1 Tipos de órdenes

Con la evolución de los mercados, y a medida que estos fueron integrando consigo una base tecnológica, se diseñaron tipos de órdenes especializadas, las cuales se apegan varían respecto al tipo de funcionamiento y ejecución actual, de manera que facilitan el diseño de una estrategia mucho más personalizada para cada tipo de trader.

El uso de cada una depende de las condiciones del mercado. Los principales tipos de órdenes incluyen:

A. Ordenes de Mercado

La ejecución se realiza a los precios publicados en ese momento. La ventaja es que no se debe esperar una confirmación. Sin embargo, no se tiene un conocimiento sobre el precio al que se va a ejecutar la transacción. Para este tipo de órdenes existen posiciones largas y cortas.

B. Ordenes Pendientes

Se programa la ejecución a un precio y con ciertas condiciones específicas. La desventaja es que se debe esperar una confirmación de ejecución. Por el contrario, se tiene un conocimiento sobre el precio al que se ejecuta la transacción.

1. Buy Limit- La ejecución se lleva a cabo a un precio menor o igual al objetivo. Considera que el precio actual se encuentra por encima del precio objetivo. Se espera que los precios retrocedan a cierto nivel y vuelvan a aumentar.

2. Buy Stop- La ejecución se lleva a cabo a un precio mayor o igual al objetivo. Considera que el precio actual se encuentra por debajo del precio objetivo. Se espera que los precios lleguen a cierto nivel y sigan aumentando.

3. Sell Limit- La ejecución se lleva a cabo a un precio mayor o igual al objetivo. Considera que el precio actual se encuentra por debajo del precio objetivo. Se espera que los precios suban a cierto nivel y comiencen a retroceder.

4. Sell Stop- La ejecución se lleva a cabo a un precio menor o igual al objetivo. Considera que el precio actual se encuentra por encima del precio

objetivo. Se espera que los precios lleguen a cierto nivel y sigan decreciendo.

5. Buy Stop Limit- Este tipo de orden integra una orden Buy Limit con un precio stop. Considera que el precio actual es menor, por lo que establece un precio Stop, por encima del precio de venta actual, por lo que cuando llegue a ese precio se envía la orden Buy Limit, con las mismas especificaciones ya mencionadas.

6. Sell Stop Limit- Este tipo de orden integra una orden Sell Limit con un precio stop. Considera que el precio actual es mayor, por lo que establece un precio Stop, por debajo del precio de compra actual, por lo que cuando llegue a ese precio se envía la orden Sell Limit, con las mismas especificaciones ya mencionadas.

Además de los Tipos de Ordenes que existen, al momento de realizar una operación el bróker solicita el Tipo de Ejecución que se desea. Aunque puede ser confuso el tipo de orden está relacionado con la forma en que se quiere solicitar la compra de acciones. Mientras que el tipo de ejecución tiene que ver con la importancia sobre la completitud de la orden.

Generalmente, el tipo de ejecución juega un papel mucho más importante para los Trader de Alta Frecuencia, quienes dependen de volúmenes y requerimientos mucho más estrictos para poder generar ganancias.

(noriegac,erick, 2020)

https://www.rankia.mx/blog/innovacion-financiera

3.3.2   La orden en meta trader

Si se desea ingresar operaciones en la app para hacer FOREX meta trader 4, es necesario primero saber Cómo ingresar una orden correctamente conociendo los aspectos que se necesitan copiar para después pegar en la app.

AUDCHF
SELL 0.69412
TP 0.69125
TP 0.68000
SL 0.69700

XAUUSD
BUY 1938.50
TP 1940.5
TP 3.5
SL 1933.5

Primero toma en cuenta los datos iniciales de una orden.

1. El par de divisas: se debe conocer cuando se va a ingresar una operación, sin ninguna duda tal y como se haga llegar con la divisa base y la divisa cotizada.

2. Tipo de posición; ya sea posición corta venta (SELL) o posición larga compra (BUY)

3. Punto de entrada: siempre que ingresamos al mercado justo antes de un análisis previo, el punto de entrada es la base para de ahí tomar nuestro stop los y take profit.

Al igual que una araña localiza un punto neutro entre calor y frio y a partir de ahí crea su red para cazar y vivir.

4.   Stop los: es muy necesario ponerlo para mantener un margen de riesgo muy bajo. Si sabes usar el stop losen todas tus ordenes, eso nos indica que tu plan de trading y gestión de riesgo están ante todo en tu trading.

En meta trader podrás encontrar a tu izquierda una línea roja con las iniciales SL, aunque en ocasiones no se encuentra, pero lo identificarás por los colores d las líneas donde colocarás los datos de las órdenes. El stop los es una especie de indicador de tus perdidas y si no se coloca puede ser fatal para tu cuenta. Por mencionar algo cuando estacionas un automóvil en la calle y como llega a pasar casi siempre, hay vehículos ya estacionados y frente a ti tienes un espacio para tu auto, ahora tienes que hacer maniobra para estacionarlo y después de un rato ya quedó parqueado. Ahora reflexionemos. Si eres observador te habrás dado cuenta que al frente de tu auto donde se encuentra otro coche, se deja un espacio que te permite dar movilidad para sacar tu auto, y en la parte trasera dejaste otro margen para poder ir en reversa y ampliar más el espacio del frente y así mover tu coche. Bueno, en las operaciones es algo similar, porque el stop lost es un margen pequeño que te sirve para no perder mucho, como en el ejemplo del coche el espacio de atrás solo te ayuda para dejar un margen más amplio al frente, es decir que este no es muy amplio y solo es un margen para no golpear el coche vecino. Entonces el stop lost te protege de las perdidas, en momentos que el mercado se mueve en tu contra. Si este llega a ir en sentido contrario al que especulaste te comenzará a indicar que tu TRADE se encuentra perdiendo, pero como fuiste inteligente, y como tu indicaste el nivel de pérdidas que aceptas en cuanto llegue al punto indicado por ti, ese TRADE se cerrará automáticamente y perdiendo solo la cantidad indicada y ya no más. A diferencia si no pones un stop lost, una vez el mercado se mueva en tu contra el nivel de perdidas seguirá yendo hacia atrás, haciéndote perder capital cada vez más. Todo por creer que Sibaja después de un corto tiempo volverá a subir, pero gran sorpresa, no lo hace y sigues perdiendo dólares y más dólares mientras pasa el tiempo. En momentos como este la presión nos gana y decidimos cerrar la orden para no seguir perdiendo más. Puede ser que el mercado retorne en cierto momento, justamente por eso dejamos ordenes abiertas en perdida, por creer que tarde o temprano regresará y nos dará la gran recompensa por nuestra paciencia. Esto es un claro ejemplo del psico trading donde las emociones nos dominan y cerramos ordenes cuando inician a correr las ganancias a nuestro favor y cuando van en perdidas decidimos cerrar porque puede irse más hacia atrás y podríamos quemar la cuenta.

5.   Take Profit: fundamental su uso para poder tomar tus ganancias cuando tus ordenes corren a tu favor. Continuando con el ejemplo del vehículo parqueado, si recuerdas dejaste un espacio más amplio al frente para tener un mayor margen al

momento de moverlo. Este espacio lo representamos con el take profit porque es el margen que dejamos más amplio en nuestras operaciones para ganar más, sería ilógico poner un stop lost más amplio y un take profit menor para perder mucho y ganar poco. Así es como debes hacerlo, con un take profit siempre con un mayor margen que haga valer la pena invertir en los mercados financieros. Entonces tu take profit se coloca con un gran margen de Pips que al ser tocado a nuestro favor por el mercado nos saque con ganancia favorable.

Recuerda esto siempre… el stop lost y el take profit son fundamentales para proteger tus operaciones y evitar pérdidas altas o quemar tu cuenta.

Te recomiendo usar estas funciones a la hora de invertir para no pasar u odiar el trading por malas decisiones en tu operativa. Como trader principiante todos iniciamos haciendo trading de forma incorrecta, pero es de sabios corregir el camino y no tropezar con la misma piedra. Quien no considera hacer trading de forma profesional lo hará por un rato para determinar si esto es real, pero con el paso del tiempo este se encargará de poner todo en su lugar. Los trader de banqueta son muchos y así como llegan se van. Llegan al trading para ganar dinero fácil, pero la realidad les golpea fuerte en la cara y después de un lapso se cambian de acera.

3.3.3   Otro tipo de ordenes

En meta trader los datos de TP los colocarás en la línea azul o verde donde se define cuando se ha de cerrar tu margen de ganancia.

3.3.4 Estrategia para proteger tus ordenes

Breakeven: es una variación del stop lost que te permitirá resguardar tus órdenes para no perder capital si esta se llega a cerrar. La dinámica de esta estrategia es que solo se puede usar cuando el precio haya recorrido un determinado lapso, es decir cuando el precio avanzó cierta cantidad de pips a tu favor o en contra. Por mencionar algo si se ha ingresado la siguiente orden:

EUR-USD buy 1.24755 Tp: 1.24875 Sl: 1.24715

Pues bien, cómo se puede observar en la orden, tenemos un precio de entrada, un take profit y un stop lost, donde en nuestro take profit tenemos un margen de pips de 120 a favor y en el stop lost 40 pips como margen aceptable para perder. Supongamos que nuestra orden comienza a subir a nuestro favor 35 pips, bueno ahora es el momento adecuado para poner un Breakeven. Lo que se debe hacer es lo siguiente: primero identificamos el punto de entrada: 1.24755, luego nos vamos a editar la orden y se borra todo lo escrito en la línea de stop lost: 1.24715, una vez borrado todos esos dígitos, colocamos lo que se encuentra en el punto de entrada: 1.24755 y cerramos. Listo, ahora ya hemos hecho Breakeven. Lo que queda es esperar si la orden se vuelve a favor o en contra. Si lo llega a hacer en contra, nos dejará fuera de la jugada, pero sin perdidas ni ganancias.

NOTA: el Breakeven solo se utiliza en órdenes a favor, no se puede usar cuando el TRADE corre en contra.

6.	**Stop profit:** Es una variación de las ordenes de stop lost y su función principal es proteger parte de los veneficios acumulados en una operación ganadora. Los trader que utilizan el stop profit pueden aplicarlo manualmente o según su bróker lo pueden hacer automatizado de acuerdo a las herramientas que proporciona la plataforma con que se hace trading. El stop profit asumen resultados que son muy evidentes, aunque no se sabe hasta dónde puede llegar el mercado, pero se desea estar dentro de él el mayor tiempo posible aumentando nuestros veneficios potenciales. Para comprender de mejor manera imagina una orden que ingresaste y comienza a ir a tu favor, suponiendo que en tu take profit pusiste un margen de 95 Pips de veneficio, pero la orden aún no ha llegado a esa zona, pero ya se encuentra a la mitad de ese porcentaje. Pues bien, cuando aplicas el stop profit lo que haces es editar la orden hasta un punto desde donde se encuentra tu stop lost hasta el punto que deseas tomar ganancias, en este caso tomaremos 30 pips y aplicas el cierre de la orden y como puedes darte cuenta la orden no se cierra por completo solo se tomó un pequeño monto de la ganancia. Si tu orden se llegara a regresar en tu contra no pasa nada porque ya estuviste tomando ganancias mientras esta corría.

7.	**Toma de parciales:** esta es otra forma de tomar ganancias enfocado más a modificar el lote de cada orden, es decir que si una orden tiene un mini lote de 0.07 y la orden está a nuestro favor con la

mitad de los pips contemplados para esa orden. Sería justo tomar la mitad de esos pips a nuestro favor, es decir que de 0.07 de lote lo modificamos a 0.04 estamos tomando un parcial de tres puntos dejando los cuatro puntos restantes en nuestro mini lote de 0.07.

Los aspectos de la app meta Trader 4 pueden variar de un dispositivo a otro, es decir que para IPhone, Android o Linux, o en dado caso Windows o Mackintosh existirán algunas alteraciones que hagan ver los iconos de tu configuración distintas a otras dependiendo el equipo que uses. La recomendación que te puedo dar, es que investigues en internet de acuerdo a tu equipo que configuración será en tu dispositivo.

Muchas personas deciden analizar el mercado desde la app o plataforma del Trader, pero en base a mi experiencia no deberías hacer eso si no conoces plataformas más completas que te brinden muchas herramientas. En mi caso las plataformas para ingresar ordenes solo tienen ese fin en mi operativa… meter operaciones. No tiene caso analizar desde la herramienta meta trader, ya que en la plataforma trading View se puede hacer de mejor manera y con más soltura, además habrá que agregar que si lo haces desde tu ordenador será mucho mejor.

Retomando el tema de meter operaciones, cabe destacar que lo puedes hacer desde la app para smartphone y en la versión de escritorio para PC. En base a mi experiencia es mejor iniciar desde la app para teléfono, luego puedes ir escalando a la versión de escritorio o si bien lo prefieres puedes usar la de escritorio y luego en la app. El objetivo es que te sientas cómodo con tus herramientas.

3.4 Interés compuesto

3.4.1 El secreto de los bancos

Por mucho tiempo los bancos han vivido explotando un secreto tan poderoso que hace crecer cada día más el capital con que ellos cuentan y además el capital que cientos o quisa millones de clientes depositan en él.

Cuando se sabe este secreto y es aprovechado a tu favor, nunca más tendrás que preocuparte por tu situación financiera.

El interés compuesto es aquel activo que se pone a trabajar y va sumándose cada vez más al capital inicial y sobre el cual se van generando nuevos intereses, hasta ir acumulándose más y más. Se denomina interés compuesto en activos monetarios a aquel que se va sumando al capital inicial y sobre el que se van generando nuevos intereses. Los intereses generados se van sumando periodo a periodo al capital inicial y a los intereses ya generados anteriormente. De esta forma, se crea valor no sólo sobre el capital inicial, sino que los intereses generados previamente ahora se encargan también de generar nuevos intereses. Es decir, se van acumulando los intereses obtenidos para generar más intereses.

Sabías que los bancos necesitan de tu capital para poder invertir en los mercados financieros, pues así es, aunque no lo creas y de esa forma ellos subsisten además de otro tipo de movimientos financieros en donde invierten otra parte de nuestro capital. Si esto lo desconocías hoy en día esto es una realidad, por esa situación es muy preferible invertir tu capital de otras formas que te generen más rendimiento. Algunos otros dirán que los bancos, aunque lo inviertan en donde ellos quieran mientras les den el rendimiento anual que prometen es más que suficiente y tienen razón siempre y cuando se tenga un millón de dólares en una cuenta bancaria, sin embargo, para quienes tienen una suma menor ahorrada su rendimiento será muy poco, alrededor de 3 o 5% de rendimiento anual que no es mucho para ti, ahora imagina a cientos o miles de usuarios que depositan ese capital en alguna cuenta bancaria. La situación cambia radicalmente al tener todo el capital de todos ellos reunido en una gran cuenta puesta a trabajar en los mercados financieros, desde luego otra parte más de inversionistas con gran solidez económica y otro poco más de sus reservas. Ahora ya hablamos de un porcentaje muy grande que puesto en el mercado se termina volviendo una bola de nieve retornando en una ganancia enorme para ellos y para ti que les ayudaste a ganar tanto te toca una micro mínima parte de ese pastel. Lo más favorable es invertir tu capital en distintas fuentes que te reporten muy buenas ganancias.

En Forex tienes una máquina de hacer dinero si sabes usar el interés compuesto a tu favor, ya que si creas una buena cuenta de inversión y logras hacer trading como un profesional en muy poco tiempo se multiplicará tu ganancia cada vez más llevando una buena gestión de riesgo y un plan de trading, ni decir que mientras lo hagas por un tiempo definido y constante lograrás ver resultados mucho más notorios. Aunque este concepto es muy sencillo de entender no es necesario profundizar en ello, ya que más adelante lo veremos trabajar a nuestro favor.

3.5 Análisis técnico y fundamental

Para todo tipo de inversión siempre se requiere realizar un análisis técnico y fundamental previo para determinar cuán conveniente es la acción por ejecutar. Y el trading de CFDs, una actividad de alto riesgo no es la excepción.

La volatilidad que caracteriza a los mercados financieros exige que un inversor conozca el mercado o lo datos del sector en el que va a empezar operar, para así poder determinar estrategias y aprovechar los movimientos de los precios en el mercado.

Ahí es donde entran los conceptos de análisis técnico y fundamental, herramienta que permite al inversor predecir los posibles movimientos que tendrá el precio. Sin embargo, si está interesado en hacer trading de CFDs, continúe leyendo y aprenda como aplicar los tipos de análisis financieros.

3.5.1 Análisis técnico

El análisis técnico es uno de los métodos de análisis financieros, el cual está basado en cálculos estadísticos y el estudio de gráficas. Este tipo de análisis permite conocer cómo será el comportamiento y cambios de un activo y cuándo se puede abrir una posición.

De esta manera, cuenta con factores relevantes como:

1. Cuando se va a realizar un análisis técnico, se debe tener en cuenta que los precios siempre se mueven por tendencias, que son la dirección que siguen los precios.

2. Los expertos aseguran que en los mercados la historia se puede repetir. Lo que puede ayudar a que, al hacer un análisis técnico, se pueda identificar figuras de precios.

3. Se pueden realizar una variedad de gráficos para diferenciar las diferentes oportunidades que se presentan de compra y venta en el mercado. Por ejemplo, quienes tienen una temporalidad de operación a corto o mediano plazo, pueden usar gráficos con datos diarios o intradiarios; y aquellos que operarán a largo plazo usan datos semanales o anuales para establecer los gráficos a estudiar.

3.5.2   Análisis fundamental

El análisis fundamental es el otro método de análisis financiero con el que el inversor estudia los factores económicos que pueden afectar a la oferta y demanda. De esta manera, puede analizar indicadores económicos, factores sociales o políticas de gobiernos que puedan influenciar en el precio de un activo.

Con este también se busca predecir el movimiento o tendencias de los precios en el mercado, sin embargo, se diferencia del análisis técnico ya que en este el inversor se centra en datos socioeconómicos. Normalmente, si el inversor realizará solo este análisis es porque tiene un objetivo a mediano o largo plazo.

Por otro lado, el inversor puede analizar el estado de cada bloque comercial al que pertenezca el activo de interés, por medio de elementos claves como:

- **Tasas de interés y tasas de inflación.**

3.5.3 Análisis fundamental vs análisis técnico

Ya planteado las diferencias del análisis técnico y fundamental, es pertinente dar a conocer cuáles son las ventajas y desventajas que estos tipos de análisis podrían tener:

Análisis técnico:

Ventajas:

- Permite pronosticar el comportamiento del precio, y como consecuencia, conocer el mejor momento para abrir o cerrar una posición.

• Permite reconocer las tendencias de los precios y, por ende, las oportunidades para comprar o vender (abrir y cerrar una posición).

• Puede ser aplicado para cualquier instrumento financiero, especialmente en los CFDs y en cualquier activo.

• Se requiere mayor tiempo para analizar adecuadamente las gráficas y los índices evaluados.

• El estudio de los elementos del análisis técnico puede ser subjetivos.

Desventajas:

• Aunque se reconoce como una ventaja, la evaluación de las gráficas es subjetiva y esto puede ser en muchas ocasiones algo no fiable. Pues el mercado mantiene en constante movimiento y los resultados de estos estudios no pueden ser exactos.

• Para los trader principiantes puede ser un tipo de análisis complejo en cuanto a la compresión de los indicadores y gráficas. Sin embargo, la práctica y la cantidad de información sobre este método que hay en la web, puede ayudar a mejorar esta percepción.

Análisis fundamental:

Ventajas

• Se conoce lo que sucede globalmente en los mercados financieros.

• Si se aplica junto al análisis técnico, se considerará una oportunidad de tener beneficios ya sea a largo o corto plazo.

• Las noticias financieras ayudan a pronosticar en algunos casos grandes oportunidades para abrir o cerrar posiciones.

• El análisis fundamental es conocido como el método más fiable para una operación a largo plazo. Ya que ayuda a prever el precio de un activo en periodos de tiempos largos.

Desventajas

• Muchas veces la cantidad de noticias o datos financieros que se encuentran públicos, pueden ser difíciles de filtrar por lo que para el inversor puede ser difícil escoger cuál será la más relevante y la que ayude a acertar un poco más el estudio.

• El análisis fundamental se debe realizar constantemente por parte del trader y actualizarse paralelo a los cambios de los mercados.

(redaccion,ief, 2021)

https://invertirenforex.org/blog/analisis-tecnico-y-fundamental

3.5.4 Análisis fundamental (INVESTMENT) y análisis técnico (trading View)

El análisis técnico es el estudio de los mercados financieros que se basa en datos, bolsa gráfica, patrones de precios y tendencias de las cotizaciones. Análisis Fundamental Forex de los mercados financieros es una de las herramientas más utilizadas por los trader, tanto principiantes como profesionales, especialmente los que operan a largo plazo. Gracias al análisis fundamental de bolsa, podemos analizar el contexto en el que se mueven los mercados y llegar a conclusiones muy valiosas a la hora de tomar decisiones en nuestra operativa.

El análisis técnico estudia el comportamiento histórico de un activo financiero para tratar de predecir movimientos futuros, utilizando para ellos indicadores técnicos y patrones gráficos. Por lo tanto, el análisis técnico utiliza diferentes herramientas para determinar el curso probable de los precios:

3.5.5   ¿En dónde analizo el mercado?

Si se quiere hacer trading como un profesional, has de saber que existen dos herramientas que te serán de gran utilidad para llevar tu TRADE a otro nivel.

Trading View es la plataforma para hacer análisis técnico, es decir un análisis enfocado a la interpretación de las gráficas.

Es una plataforma para trader e inversores que te permite realizar un seguimiento de los diferentes activos y, además, te ofrece instrumentos para que realices un mejor análisis.

3.5.6 ¿Cómo funciona Trading View?

Sirve para realizar un análisis de los diferentes mercados, para ello ofrece a sus usuarios gráficos y herramientas para ejecutar un análisis técnico más completo. Te permite realizar un seguimiento de los diferentes activos y, además, te ofrece gran variedad de instrumentos financieros para que realices un mejor análisis.

Como ya se ha comentado, TradingView proporciona muchísimas herramientas que te servirán para realizar un análisis exhaustivo de los diferentes mercados y activos.

3.5.7 ¿Como funciona INVESTMENT?

INVESTMENT: es una plataforma que te ayuda a hacer análisis fundamental, es decir un análisis enfocado a las noticias que hacen mover al mercado de Forex y que ocurren en todo el mundo.

A diferencia de trading view, investment es una plataforma para recibir noticias que influyen en los movimientos de los precios de los mercados bursátiles. Todo acontecimiento se refleja en esta plataforma de noticias globales   que de alguna manera influye en todo el rubro económico de los mercados mundiales, llegando a ser la principal fuente de información verídica para recurrir en primera instancia para una anticipada y certera decisión al invertir en los mercados financieros. Con respecto a estas dos plataformas de análisis, cabe decir que puedes complementar tu análisis usando ambas de vez en cuando, aunque también es válido usar cualquiera de ellas de forma individual. Puedes volverte un Trader fundamental o un Trader técnico.

Si esto te pareció chino mandarín, te digo no te preocupes, por ahora esto déjalo de lado por un momento, para cuando ya tengas definidos y entendidos bien los conceptos, regresa otra vez a esta información para asimilarla con más claridad.

4 Capítulo 4: ¿vale la pena aprender Forex?

4.1 Contratos por diferencia (CFD)

4.1.1 ¿Qué es un CFD?

Un contrato por diferencia o CFD (del inglés contract for difference) es un contrato en el que se intercambia la diferencia entre el precio de compra y el precio de venta de un activo (como por ejemplo una acción).

El CFD es por tanto un derivado financiero porque su precio deriva del precio de otro activo, llamado activo subyacente. Esto te permite simular la inversión en acciones, índices, divisas o materias primas sin tener esos activos. Simplemente tienes un contrato por el que acuerdas intercambiar la diferencia entre el precio de compra y el de venta.

4.1.2 ¿Cómo funciona el trading con CFD?

Para entender cómo funcionan los CFDs es importante tener en cuenta estas 4 cosas:

Es un derivado financiero OTC (Over The Counter). En otras palabras, no cotizan en ningún mercado organizado. Eso sí, no tienen fecha de vencimiento, lo que les hace más atractivos que los futuros financieros al no tener que hacer el roll over.

Es un producto apalancado, porque la entidad financiera solo te exige guardar una garantía del importe total invertido. Es por eso que si tienes 1.000 euros e inviertes en un CFD que te permite invertir con una garantía del 10% puedes invertir hasta 10.000 euros. Esto supone una ventaja porque las ganancias pueden ser mayores, pero supone un riesgo serio porque las pérdidas puedes ser igualmente muy rápidas e importantes, y es una de las causas que muchos inversores minoristas pierdan dinero invirtiendo. La pérdida puede ser superior incluso al importe de la garantía.

La entidad financiera puede cobrarte intereses por el importe no depositado como garantía. Si la garantía es del 10%, la entidad financiera podrá exigirte un interés sobre el 90% restante, como si fuera un préstamo por ese dinero que te está permitiendo no depositar como garantía.

Un CFD se pueden comprar o vender. Si compra un contrato de CFD, es como si estuviera comprando el activo subyacente (una acción, por ejemplo). Es decir, está apostando a que el precio va a subir y, por lo tanto, si la acción sube ganará. Como se dice en el argot bursátil, está largo en ese activo financiero.

Por el contrario, si vende un contrato de CFD está actuando como si vendiera el activo subyacente. Vendiendo un CFD está "apostando" a que el precio del subyacente va a bajar. Es decir, si la acción baja ganará. A esto se le denomina estar corto en ese activo.

Esto quiere decir que podemos ganar cuando un activo financiero sube y cuando baja. Esto es, apostando al alza y a la baja. No obstante, conviene indicar que la inversión en CFDs conlleva riesgos.

(Sevilla arias,Andres, 2022)

https://economipedia.com/definiciones/contrato-por-diferencia-cfd.html

Los contratos por diferencia de precio (CFD) son un tema que ya se tocó anteriormente, con la novedad que su manejo ahora se puede hacer con la tecnología, es decir que desde una computadora o un dispositivo móvil ahora puedes hacer trading. cuando mencionamos que compras un precio como en los caballos mediante un contrato por diferencia de precio. En el momento que ya tienes tu cuenta real abierta, y comienzas a ingresar operaciones en meta trader 4 ya sea de escritorio o en la app, desde ese momento has hecho un CFD y en cuanto la orden ingresada realice el movimiento especulado previamente, en ese momento la orden se cierra a tu favor, sumando automáticamente la ganancia a tu capital.

En su momento cuando me dijeron que entre el bróker y yo se hacía un contrato para ingresar operaciones a la aplicación, me imaginé que me reuniría frente a frente con el bróker y firmaríamos un contrato palpable de papel cerrando un trato por cada orden que ingresara, pero no es así, en el instante que abres las ordenes ya comienza a correr un contrato por diferencia de precio.

Nunca olvides esta forma de ver una negociación con un bróker.

4.2   Figuras Chartistas

Definición de figuras Chartistas

El Chartismo es una forma de análisis técnico de los movimientos de precios en los mercados financieros.

Se centra en el estudio de las gráficas y los patrones formados por los precios durante ciertos períodos a través del uso de herramientas como líneas de tendencia, soportes, resistencias, niveles de sobrecompra/sobreventa, volúmenes comerciales y promedios móviles.

¿Quién es el creador del Chartismo?

Esta técnica fue desarrollada por Charles Dow como un enfoque para predecir futuras tendencias del precio mediante el análisis histórico. Dow fue el primero en utilizar gráficos para observar patrones y resultados repetitivos que puedan servir para predecir la dirección futura de los precios.

El Chartismo es uno de los conceptos fundamentales empleados por muchos inversores profesionales para determinar sus estrategias comerciales.

Los principios básicos del chartismo son simples: proporcionan un marco visual a través del cual se puede verificar la tendencia actual del mercado y estimar la dirección futura. También ofrecen un vistazo al desempeño pasado y presente del mercado, lo que ayuda a identificar oportunidades comerciales que podrían otorgar beneficios a largo plazo.

Esta técnica es útil para determinar cuándo entrar o salir del mercado, así como ubicar áreas clave con las que controlarlas ganancias y minimizarlas pérdidas potenciales.

Algunas herramientas clave utilizadas por los inversores que practican el chartismo incluyen líneas de tendencia, soportes, resistencias, niveles de sobrecompra/sobreventa (OBV), volúmenes transaccionales y promedios móviles.

Las líneas de tendencia son usadas para demostrar la dirección general en la que se desplaza el precio durante cierto período; normalmente se usan dos líneas paralelas o inclinadas (las cuales indican alza o baja) y permiten identificar qué tan fuerte es la tendencia.

Podemos afirmar que el chartismo resulta ser un importantísima herramienta a la hora de realizar un análisis correcto dentro casi cualquier tipología financiera; debido a su simplicidad al momento de la aplicación práctica se ha ganado un importantísima relevancia entre inversores institucionales y particulares, donde su empleabilidad permite la identificación de oportunidades asertivas.

4.2.1   Figuras Chartistas - Soportes y resistencias

En el Chartismo, se identifica una tendencia al observar la dirección de los precios en el gráfico a lo largo de un período de tiempo determinado. Existen dos tipos de tendencias en el Chartismo: la tendencia alcista y la tendencia bajista.

Para identificar una tendencia alcista, es necesario buscar una serie de precios a la alza. Se puede trazar una línea de tendencia alcista conectando los puntos más bajos en el gráfico. Si esta línea se inclina hacia arriba, indica que la tendencia es alcista.

Para identificar una tendencia bajista, es necesario buscar una serie de precios a la baja. Se puede trazar una línea de tendencia bajista conectando los puntos más altos en el gráfico. Si esta línea se inclina hacia abajo, indica que la tendencia es bajista.

Es importante tener en cuenta que las tendencias no son lineales y pueden experimentar fluctuaciones a corto plazo. Por lo tanto, es útil también observar los niveles de soporte y resistencia en el gráfico, que son los puntos donde los precios tienden a encontrar una barrera o apoyo. Identificar estos niveles de soporte y resistencia puede ser útil para tomar decisiones de trading, cómo establecer stop-losses y objetivos de ganancias.

¿Cómo se pueden utilizar los patrones de Chartismo para identificar una posible inversión de tendencia?

Los patrones de Chartismo se utilizan para identificar posibles cambios en la tendencia de un precio de un activo. Los operadores técnicos generalmente se centran en cinco patrones principales: cabeza y hombros, doble techo, doble fondo, triángulo ascendente/descendente y línea de tendencia.

Una inversión de tendencia puede detectarse mediante la observación del gráfico y el análisis del patrón Chartista. Por ejemplo, el patrón Cabeza y Hombros generalmente indica que la tendencia a la baja se ha debilitado o invertido. Esta inversión se confirma cuando el precio rompe con éxito encima del área de resistencia marcada por el cuello (el punto medio entre los máximos de las dos orejas). Del mismo modo, el patrón Doble Fondo indica que una tendencia bajista ha finalizado después de que el precio rompa la línea horizontal superior marcada por los picos inferiores.

Otros patrones como los Triángulos Ascendentes/Descendentes son más difíciles de interpretar ya que no hay áreas claras para detectar posibles puntos de ruptura. Los triángulos en realidad están formados por líneas horizontales y lineares convergentes, lo que significa que están diseñados para recopilar información durante un período prolongado (de varias semanas a meses) antes de que el precio rompa finalmente dentro o fuera del triángulo lo que confirmaría un cambio en la tendencia.

4.2.2 Patrones más comunes

Los patrones de Chartismo más comunes son:

1. Doble Suelo y Doble Techo

Este patrón se forma cuando los precios de un activo se elevan a un nivel determinado, pero luego caen otra vez al mismo nivel antes de superar el techo o el suelo. Esto indica una fortaleza sostenida en estos niveles y los trader pueden esperar un movimiento fuerte en línea con el **rompimiento del techo o del suelo.**

2. Hombro-Cabeza-Hombro

Este patrón se forma cuando los precios se mueven hacia arriba hasta un punto alto, después caen hasta un punto bajo, suben nuevamente pero no hasta el punto alto anterior, y finalmente caen de nuevo hasta el punto bajo original. El HCH suele ser visto como un patrón de inversión y puede ser confirmado si los precios rompen la línea que une los dos picos superiores (la "cabeza").

3. Líneas de Tendencia

Estas son líneas rectas que representan la dirección general de los precios de un activo. Una línea de tendencia alcista se formará cuando la línea dibuja ángulos ascendentes entre varios puntos bajos, mientras que una línea descendente se formará cuando dibuje ángulos descendentes entre varios puntos altos. Estas líneas son utilizadas para detectar puntos de entrada y salida potenciales para operaciones.

4. Patrón Zigzag

Este patrón aparece cuando los precios experimentan subidas y bajadas alternativas, con cada movimiento siendo más fuerte que el anterior, sea hacia arriba o hacia abajo. El zigzag es considerado un patrón alcista si tiene dos valles descendentes seguidos por un pico ascendente; en cambio, es considerado bajista si tiene dos picos ascendentes seguidos por un valle descendente.

(de la garza,bruno, rankia.mx, 2022)

4.2.3   Indicadores técnicos

Finalmente, para completar sus análisis, los trader utilizan indicadores técnicos para comprender mejor las condiciones del mercado y las tendencias de los precios.

Por ejemplo, hay muchos indicadores y osciladores que sirven para identificar cuando un mercado está sobrecomprado o sobrevendido. Otros indicadores técnicos proporcionan pistas sobre si el mercado tenderá a ser alcista o bajista.

Con respecto a los indicadores y osciladores trataremos ese tema más adelante a profundidad.

4.3   Tipos de trader

Existen varios tipos de trader con diferentes características pero que se diferencia principalmente en el tiempo durante el cual mantienen sus posiciones. De este modo se pueden distinguir principalmente 4 tipos de trader:

1. **Scalper**

2. **Day Trader**

3. **Swing Trader**

4. **Position Trader**

Podemos identificar diferentes tipos de personalidades según los periodos de tiempo. Observa estos diferentes estilos y mira cual de todos se adapta mejor a ti.

- Scalping: Los que operan bajo esta modalidad, son trader que trabajan a corto plazo. Usualmente entran y salen de las operaciones en segundos. Bastantes bróker de Forex no aceptan este método. Es altamente peligroso debido al número de lotes requerido para obtener una ganancia decente de unos pocos pips. No es apto para los más conservadores.

- Operadores diarios (Day Trading): Abren y cierran posiciones en la misma sesión de operaciones.

- Operadores oscilantes (Swing Trading): Mantienen operaciones abiertas por varios días.

- Operadores posicionales o de largo plazo: Mantienen operaciones abiertas por semanas o meses.

Puedes llevar varios estilos a la vez, puedes encasillarte en uno o en otro tipo de trader, no importa, lo importante es que vaya según tu estilo, personalidad, experiencia y habilidades.

(Montero,Eduardo, 2022)

www.mundo-forex.com/perfiles-traders-tipos/

4.4   Plan de trading

¿Qué es un plan de trading?

Un plan de trading consiste en elaborar una lista de tareas y objetivos para operar en los mercados de forma más efectiva. Es una descripción general de tu actividad de trading, planificada según los parámetros que hayas elegido. El plan de trading es personalizado, debe adaptarse a tus necesidades y es muy importante respetarlo.

Este plan de trading solo está enfocado a FOREX.

De acuerdo a la información contenida en este capítulo, crea tu propio plan de trading o si deseas seguir el mismo, también te puede ayudar mientras vas iniciando.

Tomar siempre en cuenta la cantidad de operaciones que ingresas por día o al mes.

La recomendación es solo ingresar mínimo una operación o máximo hasta tres operaciones por día y no ingresas más hasta no cerrar las que tienes abiertas.

4.4.1 ¿Cuánto debo ganar en Forex?

Otro punto importante a considerar es que en FOREX no vas por cierta cantidad de dinero al día, sino por cierto porcentaje de tu cuenta en determinado tiempo. Por ejemplo: diez, veinte, treinta, cuarenta, o cincuenta por ciento del total de tu cuenta de FOREX por año.

La meta la puedes cuantificar por una cantidad de PIPS por día, es decir que cuando se cierran tus ordenes ya es hora de salir del mercado o seguir ingresando más órdenes mientras no se tengan abiertas otras.

Si tienes una cuenta de cien dólares tu objetivo podría ser ir por diez por ciento de tu cuenta en un lapso de seis meses o al año. Ingresando de una a dos y hasta tres operaciones por día.

Cuando iniciamos en el mundo del trading es muy común que queramos ganar los mil dólares diarios con una cuenta de cien dólares, pero claramente eso no puede suceder sobre todo si vas iniciando. Se cree que, por mencionar mucho dinero en los mercados financieros, es así de sencillo ganar y solo vamos a comenzar a recibir dólares y más dólares, aunque en determinado tiempo y con la debida diciplina y constante conocimiento sobre el tema se puede lograr, pero no cuando se inicia. Recuerdo a algunos estudiantes que me cuestionaban sobre ¿cuánto les costaría educarse?, invirtiendo cien o doscientos dólares en una cuenta real y cuanto obtendrían cada mes haciendo trading los cinco días de la semana. En cierto momento también llegué a pensar igual, pero afortunadamente aprendí que esto no era así, si no nos comprometíamos verdaderamente con este oficio por un largo tiempo.

4.4.2   ¡Mi plan de trading!

Aquí tienes la secuencia de un plan de trading:

Anteriormente ya se habló de los lotes, solo que ahora lo tocaremos un poco para hacer referencia y poner en contexto la forma de manejar cada lote de cuerdo a tu gestión de riesgo y plan de trading.

Existen tres tipos de lotes micro lote, mini lote y un lote. Un micro lote: 0.01, hasta 0.09.

Un mini lote: 0.10, hasta 0.99.

Un lote: 1.00, hasta donde tengas posibilidad de invertir, 10.00, 100.00, 200.00, 500.00, 1000.00, etc.

Para darte una idea sobre cómo se da el valor al PIP, te muestro algunas interpretaciones de los lotes.

El PIP es la unidad de medida de los movimientos que hace un par de divisas, aquí un ejemplo: EUR VS CAD 1.32711. el PIP lo identificamos a la derecha, es decir 1. Si el precio se mueve de 1.32711 a 1.32715, significa que el precio se movió cuatro PIPS hacia arriba, pero si el precio de 1.32711 se mueve a 1.32704, significa que el precio se movió siete PIPS hacia abajo.

Ahora vayamos a un ejemplo que nos sirva de referencia para los demás ejercicios donde cambiamos el tipo de lote.

USD VS NZD 0.2120, donde el precio subió hasta 0.2135. si te das cuenta en esta operación el precio avanzó 15 PIPS a favor. Ahora chequemos cuanto podrías ganar si haces las cosas bien.

0.01, significa que el precio por cada PIP que se mueva tendrá un valor de diez centavos de dólar. Si se movió 15 PIPS y el valor por PIP es de diez centavos, significa que ganaste… $1.50(un dólar con cincuenta centavos)

0.02 ganaste… $3.00(tres dólares)

0.05 ganaste… $7.50(siete dólares con cincuenta centavos)

Ahora vayamos con un mini lote, donde el valor por PIP es de un dólar:

0.10, significa que cada PIP que se mueva costará un dólar. Si se movió 15 PIPS, significa que ganaste $15.00(quince dólares) 0.20, ganaste $30.00(treinta dólares) 0.50, ganaste $75.00(setentaicinco dólares)

Ahora vayamos con un lote, donde el valor por PIP es de diez dólares.

1.00, significa que cada vez que se mueve el PIP tendrá un costo de diez dólares. Si se movió 15 PIPS, ganaste $150.00(ciento cincuenta dólares) 2.00, ganaste $300.00(trescientos dólares) 5.00, ganaste $750.00(setecientos cincuenta dólares)

Y, por último, si quieres saber cuánto puedes ganar con lotes más grandes, solo has la multiplicación correspondiente.

10.00 valor por PIP de cien dólares.

20.00, valor por PIP de doscientos dólares.

50.00, valor por PIP de quinientos dólares.

100.00, valor por PIP de mil dólares.

Lote de 0.01 por cada 100 dólares.

Si cuentas con cien dólares en tu cuenta el lote mínimo que debes respetar (0.01) si cuentas con una cuenta de doscientos dólares tu gestión de riesgo será 0.02 y así sucesivamente. Si tuvieras una cuenta de quinientos dólares tu margen de riesgo es de 0.05.

NOTA: lo antes referido no se aplica para cuentas de cien, quinientos, mil o más dólares, solo es un ejemplo de cómo se podría aplicar el lote en tus órdenes.

En su momento inicié con la idea que por cada cien dólares tenía que usar un lote de 0.01 por mis cien o menos dólares en mi cuenta, pero esto no es así y más adelante veremos cómo se ha de hacer correctamente.

4.4.3 Pasos de un plan de trading

1. **Interés compuesto treinta por ciento de la cuenta por seis meses o al año, esto significa 300 PIPS. Para mantener una efectividad en FOREX tienes que ir por el treinta por ciento de tu cuenta al año. NOTA: este porcentaje debe ser constante al mes no importando si tu cuenta aumenta o disminuye... siempre por el treinta por ciento de tu cuenta.**
2. **Objetivo anual o semestral 300 PIPS.**

El porcentaje treinta por ciento de una cuenta de mil dólares se resume en trecientos PIPS en un lapso de seis meses o al año y ni un PIP menos ni más.

3. **Objetivo diario entre 10 a quince PIPS. Para alcanzar tu objetivo mensual de 300 PIPS, tienes que ir diariamente por quince PÍPS al día. Ya sea que operes en el mercado de Londres, new York, Sídney, o Tokio.**
4. **Ingresar de una a dos operaciones por día. NOTA: no ingresar más operaciones hasta haber cerrado las ingresadas anteriormente.**

Es común que al ver una racha de ganancias quieras ir por más operaciones, pero ahí radica la estrategia para obtener resultados en este mundo. Si te dejas llevar por la codicia o como le quieras decir, es muy probable que tus emociones sean las que dominen tu voluntad al ver dinero fácil y querrás ir por más y más no importándote tu plan de trading ni gestión de riesgo, solo querrás cada vez más.

Recuerda las cuatro claves que debes aplicar si quieres resultados fuertes y constantes… estrategia, plan de trading, gestión de riesgo y diciplina.

4.5   El trading en el siglo 21

La nueva era del trading

Ya se ha hablado acerca de las grandes ventajas de hacer trading, también se ha dicho que se debe hacer de una forma profesional y durante un tiempo definido para llegar a ver verdaderos resultados en un plazo de por lo menos dos años. Si se llega a ser constante en ese lapso, es muy seguro que los resultados llegan pronto. También te hice saber cuántos casos he conocido de trader de banqueta que solo se pasean frente al trading, lo miran por un momento, se cautivan, entran al juego un rato y cuando no ganan, lo dejan y siguen buscando en aquel andador donde se exhiben multitud de formas de ganar dinero, pero su impaciencia solo les hace buscar las formas más rápidas y que no conlleven esfuerzo alguno para ganar dinero. Para llegar a ser un verdadero trader se necesita mucha determinación que si no la tienes la puedes trabajar en el trading, pero si eres impaciente la retribución se alejará de ti lo más pronto posible.

Para tener resultados necesitamos tres pilares muy importantes del trading que te aseguro que si las trabajas de manera profesional todo cambiará para ti.

4.5.1   Pilares del trading

En las inversiones financieras te encontrarás muchas dudas con respecto a que se debe estudiar o saber para llegar a tener verdaderos resultados en el trading, como sea en el tiempo que llevo en este mundo me he dado cuenta que solo son tres conceptos que debes saber si o si, además de los conceptos básicos que siempre se tienen a la mano todos los trader que viven de esto.

Los tres pilares que una vez aplicados de manera correcta y constante te llevarán a tener éxito seguro en el trading.

Ahora hablaremos de ellos, dándote una idea más profunda de lo que puede llegar a impactar si todo se hace de acuerdo a las reglas y desde luego hacerlo como todo un profesional. Estos son pues los tres pilares que te darán el resultado que esperas.

Análisis del mercado, gestión de riesgo y psico trading.

1.   Análisis del mercado: existen dos formas de analizar el mercado y cualquiera de ellas por separado son herramientas completas que te ayudan en los análisis del mercado, no obstante, si unes estas dos maneras de analizar, te darán muchos

más resultados todo está en el estilo de trader que decidas ser con forme pasa el tiempo. Si decides usarlas te auguro forrarte de billete de forma constante por toda tu vida.

El análisis fundamental es un estudio del mercado de manera intuitiva que resulta ser algo obvio y lógico de acontecimientos que suceden en el mundo. Por mencionar algo la crisis sanitaria que azotó a todo el mundo y que perjudicó la economía global, por algo así es fácil deducir que las consecuencias de esa pandemia afectaron al mundo de forma importante. Pues bien, a eso se le llama análisis fundamental, a aquellos hechos que ocurren en el mundo y que cuando perjudican a un país o un continente, impactando directamente en su moneda y demás productos que se producen en esa región.

Cuando escuchas decir que un terremoto perjudicó fuertemente a un país, al instante llega a tu mente la devastación, la escasez de alimentos, de medicinas, agua potable, etc. Pues en ese momento ya hiciste un análisis fundamental, solo que ahora al conocer esta información y en cuanto veas en las noticias algo de gran relevancia que afecte algún rubro social, es ahí cuando deberías ir a invertir en ese producto subyacente o derivado financiero para obtener algún beneficio.

4.5.2   El análisis técnico

Charles Dawn fue un personaje muy importante en el mundo del trading ya que él fue quien determinó que el mercado se mueve de cierta manera, que cada movimiento se determina por patrones que al ser constantes generan una secuencia de movimiento que es fácil determinar con un estudio previo que arroja un mismo resultado en cierto tiempo.

Lo que él hizo fue analizar las tendencias del mercado, explicó que el mercado se mueve creando tendencias, que había tendencias mayores y menores, que había tendencias alcistas y tendencias bajistas y a partir de ese momento se comenzó a desarrollar algo que conocemos como análisis técnico.

El análisis técnico es muy distinto al análisis fundamental, por el hecho de que todo lo que ocurre en el mundo ahora se refleja en gráficas de barras o velas japonesas, en cuya interpretación se muestra cada aspecto de lo que ocurre y está ocurriendo en el mundo.

Por mencionar un ejemplo, si en algún país se celebra algún acontecimiento como las elecciones de estados unidos y el candidato favorito está muy bien posicionado y la gran parte de votantes le siguen esto hace que al momento de las votaciones favorezcan al candidato mejor posicionado. Si él gana el valor del dólar sube, ya que estamos hablando de un hecho histórico en uno de los países más importantes del mundo.

Bueno, si llegará a ocurrir algo muy trágico como un fraude, un atentado o golpe de estado esto hace que la estabilidad de esa economía se vea golpeada trayendo con ello un descenso en muchos rubros tanto económicos, políticos, sociales, etc.

Una noticia así primero pasa a ser un análisis fundamental, para después ser un análisis técnico que ahora se refleja en graficas para ser interpretadas con herramientas de análisis, tal y como sería una operación matemática que se interpreta y se escribe para después dar una solución y a partir de ahí tomar una decisión.

En pocas palabras el análisis técnico lo puedes hacer en tu computadora en alguna plataforma que se enfoca a difundir los precios de todos los derivados financieros.

La recomendación que se da para quien quiere hacer trading es que se use los dos tipos de análisis existentes para tener una mejor interpretación del precio y llegar a los resultados requeridos.

Existen trader que hacen solo análisis técnico y les va muy bien, también existen trader que viven del análisis fundamental y les va excelentemente, todo depende de tus gustos y la interpretación que más se te facilite. Se el trader que más te guste y que se acople a las condiciones y herramientas con que cuentes.

4.5.3   Gestión de riesgo

Se refiere a entender los objetivos del trading. si bien es cierto que uno de los grandes objetivos en el trading es multiplicar tu dinero, es decir obtener una rentabilidad que te permita vivir de esta gran profesión.

La verdadera intención es resguardar tu capital con que inviertes para seguir ganando más y más, ya que si pierdes el capital es lógico que ya no puedes seguir multiplicando tu dinero. Recuerda esto que te digo… el Forex no es una máquina de hacer dinero, sino una máquina de multiplicar el mismo, por lo tanto, debes tener tu propio capital para poder hacer más. Ya sea que lo dupliques, tripliques o cuadrupliques, no importa encárgate de tener una buena cuenta para multiplicarla más rápido.

Entonces la gestión de riesgo es vital para tu proceso y futuro éxito en los mercados financieros.

4.5.4   Psico trading

Se refiere a la mentalidad que tiene un trader mientras hace inversiones. Si bien es cierto que la idea de ganar mucho dinero fácil a todos nos llama la atención, también es cierto que para ganar buen dinero y constante se debe accionar en base a una estrategia que sea nuestra y que traiga resultados a su debido tiempo.

Te quiero contar un poco de lo que me sucedió en mis inicios en el trading. aunque si es verdad que puedes ganar mucho dinero haciendo trading desde tus inicios, no obstante, desarrollas una impaciencia a la hora de ingresar operaciones, por ejemplo, recuerdo que ingresaba muchas operaciones al día, las dejaba abiertas y al ver que iban en mi contra, es decir que, en vez de ir en positivo, se iban en negativo dándome una ansiedad que me hacía cerrarlas al instante, porque creía que seguirían bajando más y más al punto de hacerme perder mi capital.

La necesidad de abrir y cerrar operaciones me hacía estar en la app casi todo el día, en ocasiones metiendo tantas que al ir todas en negativo terminaba por quemar mi pequeña cuenta. Fue ahí y después de educarme por completo en trading entendí lo que se conoce como psico trading, con este concepto nos referimos a la mentalidad correcta que se debe tener a la hora de tradear, siempre manejando una estrategia, un plan de trading y una mentalidad de acero que no te juegue malas pasadas y te haga ser paciente cuando las cosas aparentemente no vayan bien.

La gestión de riesgo me ha ayudado a conocer mis límites y saber cómo ser un buen trader, que maneja una estrategia y se pone un horario para hacer trading. si el mercado no está para invertir, saber que es momento de retirarme hasta que las cosas se estabilicen un poco. Si el mercado está trayendo muchas ganancias, saber que yo tengo un plan de trading y me retiro cuando haya cumplido mi objetivo de PIPS diarios. A esto nos referimos con psico trading, al control de la mente en momentos de tensión ya sea a favor o en contra. En los momentos de mucha tensión sabrás en si tus emociones son las que controlan verás cuando los precios aumenten o disminuyan súbitamente en muy poco tiempo. Cuando esto pasa es normal tomar una decisión apresurada que casi siempre te hace perder la operación, solo por dejarte llevar por la tendencia colectiva. Un ejemplo de esto es el bitcoin

Cuando se desarrolla la mentalidad correcta para hacer trading, ahora sí es seguro que los beneficios llegarán, no importando la cantidad que tengas en tu cuenta.

Recuerda esto cuando te encuentres bajo mucha tensión o querer tirar la toalla en esta gran profesión.

4.5.5 La nueva tendencia del siglo 21…

Surgido en el 2008 un gran proyecto de inversión llamado Bitcoin al cual nadie volteo a ver en sus inicios, pero con el pasar del tiempo este nuevo proyecto de dinero digital se popularizó en todo el mundo al extremo de volver millonarios a muchos inversionistas. Cuando esta cripto moneda surgió solo valía centavos de dólar, solo algunos creyeron en dicho proyecto y compraron cien bitcoins, mil bitcoins, etc. Cuando esta moneda comenzó a aumentar su valor más personas voltearon a mirarla y enseguida invirtieron, pero el precio de esta ya iba en aumento progresivo, solo en el 2011 ya se había posicionado en más de doscientos dólares, aunque bajó hasta los cien dólares, rápidamente el precio recuperó su impulso y continuó subiendo en 2012 y así en 2013 alcanzó un valor muy alto llegando a los mil dólares que para 2014 se dio una disminución fuerte de cuatrocientos dólares. En 2017 los precios se dispararon de 1200 a 1900 dólares y siguió aumentando cada vez más.

Que increíble fue cuando en 2021 aquella criptomoneda llamada bitcoin llegó a valer sesenta mil dólares, imagina como se sintieron quienes adquirieron mucho bitcoin y al llegar a los sesenta mil dólares su vida cambió notablemente.

Una vez que llegó a los sesenta mil en 2021 en 2022 pasó algo que nadie esperaba, al menos algo tan duro que golpeará el bitcoin… una disminución del precio tan notable que desalentaba a cualquier inversionista. A comienzos de 2022 comenzaría a bajar poco a poco hasta llegar a la disminución más fuerte de la historia del bitcoin.

De sesenta mil dólares se llegó a cotizar un bitcoin en nada menos que diecinueve mil dólares. Fue un golpe muy duro para quienes compraron por encima de veinte mil hasta los sesenta mil, ya que gran parte de su inversión se había esfumado en al menos un año, pero a pesar de todo esto la krypto manía siguió fuerte pero muchas personas dejaron de creer en el mundo cripto y a raíz de ello fue que las demás cripto monedas se vieron afectadas notablemente al igual que bitcoin.

Aquí se tiene el claro ejemplo de una psicología del trading que se debe mantener muy fuerte si se desea ver verdaderos resultados en el trading. cuando peor se ven las cosas, más autocontrol se debe mantener si quieres sobrevivir en las inversiones.

Todas esas personas que invirtieron en bitcoin se vieron en una encrucijada y por creer que el bitcoin bajaría más y más hasta perder su valor, se apresuraron a vender para recuperar algo de su inversión. Aquí está un claro ejemplo de mantener un psico trading adecuado para no llegar a   tomar decisiones apresuradas antes de tiempo. El bitcoin luego de ese gran desplome bajaría un poco más y después paulatinamente iría aumentando nuevamente su valor.

En conclusión, trabajar la mentalidad en el trading es la mejor decisión que podrías tomar para el futuro. Recuérdese que la paciencia paga muy bien.

Si combinas estos tres pilares de los que hablamos, es seguro que no tendrás ningún problema a la hora de invertir tu capital.

Recuerda los tres pilares, si es preciso tatúalos en tu mente o en tu piel para nunca olvidarlos... análisis del mercado, gestión de riesgo y psico trading.

Capítulo 5: un verdadero trader comprometido con los resultados.

5.1 Recapitulación Forex

5.1.1 Inversiones financieras digitales

¿Como se comercia en los mercados financieros?

Como ya se ha mencionado, en el mercado de Forex se comercia las divisas de todo el mundo, es decir cada moneda que existe en todos los países del planeta se comercian, por ejemplo, cuando vas a algún país de vacaciones tienes que adquirir el dinero de ese país ya que si pretendes comprar o consumir algún producto o servicio te será imposible por el simple hecho que ahí se maneja la divisa local. Por lo tanto, es necesario comprar en algún banco o casa de cambio la moneda para poder negociar en ese país.

Si has vendido o comprado alguna divisa, ya hiciste Forex en algún momento, con la novedad que has adquirido el activo subyacente, es decir la moneda en físico. Si comercias derivados financieros esto quiere decir que has intercambiado un precio, es decir que el precio de un derivado subió o bajó, pero tu solo compraste o vendiste un número. Por ejemplo, cuando apuestas en las carreras de caballos no compras el animal, sino el número del caballo y si el equino llega a la meta, tú ganas. La diferencia está en que tu defines el resultado que quieres tener en la carrera de las divisas. Si una moneda cuesta dos dólares y sube a tres, y tu especulaste que el precio subiría, el aumento es tu ganancia., pero si el precio de dos dólares baja y tu especulaste que bajaría, el restante es tu ganancia.

Ahora imagina que compras la moneda en físico, es decir que compras algunos dólares y los compras a $20 pesos y en un lapso de dos meses el precio sube a $21 pesos el aumento es tu ganancia, pero si el precio de tus dólares disminuye a $18 pesos aquí por lógica pierdes parte de tu capital porque del activo subyacente no pasa lo mismo que en los derivados financieros. Así pasa en todos los mercados, es mejor invertir en derivados financieros.

Todo esto pasa si compras oro, plata o petróleo, la única forma que puedes ganar es si compras barato y vendes caro, pero si el precio disminuye tu pierdes sí o sí. Los precios de cualquier activo financiero siempre están en constante movimiento, es ahí cuando se debe saber el momento de vender o comprar solo es cuestión de conocer cómo se mueve el mercado.

Como ves en el mercado de Forex puedes ganar ya sea en una tendencia alcista o bajista, todo dependerá de tus especulaciones acerca del mercado que se mueve.

NOTA: en los mercados financieros también se pierde, con la diferencia que tú eres quien controla las perdidas, es decir que en cada operación aplicas un margen de perdida y de ganancia. Si se desea perder un dólar, dos, cinco, diez, veinte, cien mil dólares, todo dependerá de tu gestión de riesgo. Siempre recuerda esto… las inversiones tienes su riesgo, pero cuando aprendas a hacer trading como un profesional, te forrarás de dinero.

5.1.2 Comerciar con otros derivados financieros

Como puedes darte cuenta el mundo de las divisas es una manera fantástica de ganar buen dinero si lo sabes hacer de manera adecuada, no obstante, no es la única manera de hacer dinero, también existen otros mercados que también ofrecen oportunidades de ganar.

Que te parecería ganar dinero con las acciones. En el trading también puedes hacer dinero en acciones de empresas tal y como se hace en la bolsa de valores.

Por ejemplo, la app Zoom es un claro ejemplo. Esta app está enfocada a las reuniones digitales todo completamente en línea.

Pues bien, esta app no tenía mucha demanda hasta que ocurrió la pandemia en 2020, en ese momento se popularizó en todo el mundo al punto de ser utilizada en todo tipo de eventos virtuales y presenciales que por la contingencia se restringieron para evitar los contagios. Fue ahí que esta app creció grandemente hasta cotizar en la bolsa de valores. Cuando esto ocurrió se comenzó a ofrecer un servicio premium y creció aún más. Pues bien, en el caso de las acciones también se pueden adquirir como las divisas, tanto en activo subyacente y derivado financiero, al igual que las divisas las acciones tienen un precio y por acontecimientos financieros disminuye y aumenta su valor, solo tienes que saber cuándo hacer una inversión y te beneficiarás de los movimientos que hagan los precios.

Ahora imagina ganar también del petróleo, oro, plata, platino, diamantes, arroz, maíz, frijol, gas, azúcar, trigo, cebada, en fin, de tantos productos o materias primas que se comercian en todo el mundo tú puedes ganar solo que para llegar a ser un inversor variado deberás iniciar primero con cualquier derivado financiero para luego migrar a otros derivados.

5.2 Tipo de órdenes para ingresar a meta trader 4

¡Recuerda como ingresar ordenes!

Hasta este punto considero necesario saber nuevamente como ingresar órdenes a la app meta trader 4, bien sea en la app para Smartphone o para tu computador con la versión de escritorio.

Una vez que ya conoces la app meta trader 4, es hora de saber cómo ingresar tus operaciones correctamente, además de saber cuáles son los tipos de ordenes que se pueden ingresar.

1.   Orden instantánea: las ordenes que se refiere es cuando has hecho un análisis de algunas horas y especulaste que es momento de ingresar una operación al instante, es decir que sin más accedes a meta trader e ingresas los datos de la orden. Esto no te lleva menos de un minuto para ingresar la información de la orden, das compra o venta y listo ya estás haciendo trading.

2.   Ordenes programadas: este tipo de ordenes se refiere a las operaciones que se ingresarán, pero no comenzarán a correr en ese momento en el mercado, es decir que cuando se ingresen se activarán en cierto momento. Si has analizado el mercado y en tu especulación dedujiste que el precio de un par de divisas tocará cierto punto al cabo de unas horas o días, en ese momento capturas los datos de la orden, los ingresas a la app de meta trader y cuando el precio toque el punto indicado la operación se activará.

Por decir algo: un cazador no va al bosque solo a disparar a todo lo que se presenta frente a él, sino que toma algunas trampas las coloca y cuando la presa activa alguna de ellas, el cazador tiene su recompensa por su capacidad de anticipación.

Así son las ordenes programadas, las colocas, y cuando el precio toca un punto que definiste en tus análisis, en ese momento se activa iniciando a correr en el mercado.

En los tipos de operaciones programadas tenemos dos tipos: en venta sell stop y sell limitt. En compra tenemos buy stop y buy limitt.

Como ya comentamos este tipo de ordenes solo se utilizan cuando has determinado en tu análisis que el precio llegará a cierto punto en un tiempo determinado, solo cuando el precio haga el movimiento especulado, la operación se activará automáticamente sin que tengas que ingresarla manualmente, incluso puedes estar durmiendo y todo seguirá su curso dependiendo la dirección que tome el par de divisa.

Si alguien te comparte señales de Forex, es seguro que en la misma información te mencionen que tipo de orden es y cuando se tiene que ingresar.

5.2.1 Ejemplos de ordenes

Aquí te comparto ejemplos de ordenes con su respectiva acción:

XAUUSD

SELL LIMIT 1967

TP 1965

TP 1962

SL 1972

Aquí tienes una orden de venta límite con el oro y el dólar. Si se te pidiera ingresar esta orden en este momento, se ingresa y en un lapso definido se activará.

La diferencia con las otras ordenes es que este tipo de señales te piden un precio de entrada que debes ingresar primero en la app, después ingresas los demás datos como cualquier orden.

Al igual que la orden que mostramos, encontrarás otras más que harán mención es si es operación limite o stop. Guíate por el ejemplo mostrado arriba.

GBPAUD

BUY 1.7635

TP 1.7655

TP 1.7685

SL 1.7555

Esta operación no menciona si es orden stop o limite, esto quiere decir que la debes ingresar en ese momento.

En secciones anteriores ya se vio como ingresar ordenes paso a paso en meta trader 4, incluso ordenes programadas, solo vuelve a repasar esa sección del capítulo y luego vuelve a continuar tu camino.

Aunque muchos digan que es complejo hacer esto, la verdad es muy sencillo, porque solo es acomodar los datos en los lugares correctos en el momento que se te pide.

CADCHF

SELL 0.74656

TP 0.74400

TP 0.73000

SL 0.74900

Aquí te dejo otra señal que hace referencia sobre el tipo de orden, el instante para ingresar, los precios a tomar en cuenta y el par de divisas.

Checa como en los ejemplos mencionados cambia el par de divisa, el tipo de orden, en este caso sell (venta) y es una operación instantánea.

Los factores de una orden cambian siempre que se analiza el mercado.

5.3 Entendiendo el análisis técnico

5.3.1 ¿Cómo funciona el análisis técnico?

El análisis técnico de los mercados financieros es un método para anticipar o pronosticar la dirección que tomarán los precios, basándose en el comportamiento histórico del activo.

Con el análisis técnico se analizan:

- **los precios**

- **los volúmenes negociados**

- **los marcos temporales**

Para llevar a cabo el análisis técnico, los trader utilizan indicadores técnicos, matemáticos y estadísticos, así como indicadores gráficos. Las conclusiones así obtenidas les ayudan a tomar decisiones sobre sus posiciones en el mercado de valores.

En realidad, el análisis técnico se puede dividir en dos grupos principales:

➔ Análisis estadístico: es el análisis de indicadores técnicos generalmente calculados a partir de fórmulas matemáticas vinculadas a los precios del mercado de valores.

➔ Análisis gráfico: también llamado chartismo, es el análisis de curvas de precios, buscando configuraciones particulares.

Algunos trader se especializan en solo uno de los dos campos, otros usan ambos en complementariedad.

Tanto los trader principiantes como los experimentados pueden utilizar el análisis técnico. Este análisis técnico usa los gráficos para hacer pronósticos y tomar posiciones de trading.

(Blanco Garzón,Eva, 2022)

Si te vuelves un trader que se acopla en el uso del análisis técnico toma en cuenta que tu fuente de trabajo e información siempre será tu computadora, aunque hoy en día navegar en internet es lo de hoy, no te costará trabajo adaptarte a esta rutina.

Algo fundamental que nunca debes olvidar es que en el análisis técnico el movimiento del mercado se representará en dos tendencias... tendencia alcista y bajista.

Una sencilla representación de esto es que el precio al aumentar o subir, le llamaremos tendencia alcista, y al movimiento descendente o que baja, lo llamaremos tendencia bajista.

La representación no te debería causar problema ya que, al haber solo dos tendencias, y dos tipos de operaciones, queda solo deducir que la tendencia alcista se refiere a una posición larga (compra), la tendencia bajista se refiere a posición corta (venta)y eso es todo.

Aunque existe otra tendencia que poco llega a ocurrir, con la única diferencia que esta solo te hace saber cuándo el precio se ha detenido, y se mueve de forma horizontal.

Esta tendencia se llama consolidación y como ya mencionamos, cuando ocurre, el precio oscila en un mismo punto de manera lateral.

En esta tendencia no es recomendable seguir invirtiendo, por la simple razón que el precio se ha detenido y en el momento que salga de su letargo, puede dispararse al alza o a la baja. En ese momento se puede ir en tu contra y hacerte perder gran parte de tu capital.

5.3.2 Comportamiento de las tendencias

Si has estado atento a los dos tipos de tendencias que ya se ha hablado, debes saber qué, aunque se mencione que el mercado sube de forma horizontal y vertical, en realidad sube, pero no lo hace de forma acelerada, si no, de forma pausada tal y como un gusano medidor. Sube y golpea en los soportes y resistencias que ejerce una estructura de mercado. Algo de lo que se hablará más adelante.

Recuerda siempre esto... el precio se mueve paulatinamente de arriba a abajo constantemente y cuando lo haga horizontalmente, nos indicará que el precio se ha estancado o consolidado en un solo punto.

La representación de los movimientos que hace el mercado los verás en una gráfica que tiene una semejanza a un electrocardiograma donde se reflejan los pulsos que hace el corazón, pues esto es algo semejante que, en vez de reflejar los latidos, reflejará los movimientos de los precios de algún activo financiero.

Estas representaciones a las que se refiere como análisis técnico las puedes hacer en la página trading view.com En dicha página tendrás distintas herramientas que te servirán para tener un análisis más completo y lo mejor más libre de interferencias.

5.4 Velas japonesas

Concepto de las velas japonesas

Sigamos aprendiendo Forex y ahora profundicemos con lo técnico, algo muy indispensable para un desarrollo de las herramientas y técnicas que encontraremos y ocuparemos con frecuencia. En esta ocasión seguimos con los patrones de velas japonesas.

Las velas japonesas son una serie de gráficas donde se ordenan las actividades que realiza un precio determinado, es decir que cada vela nos refleja que ha ocurrido con un precio a lo largo de unos minutos, horas, días, semanas o meses, incluso hasta en años.

El objetivo real es aprender a interpretar estas velas para tener una confianza más certera a la hora de invertir. Ahora conozcamos en qué consisten las gráficas o velas japonesas para ser conscientes que los datos contenidos en ellas nos reflejan información valiosa.

Como ya lo mencionamos en la plataforma trading view encontramos estas graficas que muestran todos los movimientos hechos por cualquier instrumento financiero, es por ello que cuando te enfoques a un método de inversión y te vuelvas un master en ello, por lógica tendrás resultados en demás activos financieros.

Cuando entres en trading view encontraras infinidad de activos financieros. Al elegir alguno de ellos te mostrará el movimiento del precio en tiempo real. La recomendación es seleccionar las gráficas que tienen forma de vela las cuales se pueden modificar de color de acuerdo a tus gustos, por lo general ya vienen predefinidas con los colores rojo y azul verdoso, aunque como digo se puede configurar del color que quieras.

Los tipos de graficas son: velas japonesas, gráficos de barras y gráficos de líneas.

Si elegiste las velas japonesas, que es lo más recomendable, Sigue esta información, aunque en realidad puedes, experimentar la que gustes, cualquiera de ellas refleja la misma información.

Las velas rojas te muestran la tendencia bajista y la azul la tendencia alcista, solo recuerda estos colores y su tendencia y cuando ya tengas una asociación en tu mente con estos colores, ahora si puedes cambiarlos.

En la parte inferior de la vela tendrás el tiempo, ya sea una hora ()1H), cuatro horas (4H), un día(1D), una semana (1W), un mes (1M), en fin.

En la parte vertical a la derecha tendrás el precio del activo en tiempo real.

En la parte superior de la izquierda tendrás la información del activo, como (EUR vs GBP) (BTC vs USD) (CAD vs CHF) etc.

Otra cosa a tomar en cuenta en las velas es que también puedes saber cuándo se cerró o abrió el precio de un activo y lo ubicarás de la siguiente forma.

Cuando el precio abre lo encontrarás como open, y Close para cuando cierra un precio.

También es posible saber cuál fue el nivel alto o bajo en que cerró el precio.

La palabra High significa en inglés… alto y Low en inglés significa bajo.

Por lo general estas palabras te indicarán el nivel del precio. Puedes encontrarlos de la siguiente forma: esto es fácil de identificar ya que se complementa con los colores. Close Low 1.23421, esto nos indica que el precio cerró en ese punto además de la temporalidad. Puede que esto sea a la inversa se refleje el precio en que abrió ya sea al alza etc.

En cada vela tendrás cuatro precios: precio de) open, precio de cierre, precio más alto y precio más bajo.

La mecha superior (opher sado) y mecha inferior (ovher sado)

Para ponerte en contexto acerca de las mechas de las velas… las mechas son los puntos más altos o bajos que alcanza un precio, es decir que cada mecha hace saber cuándo un precio a alcanzado un punto cumbre y ya es hora de regresar.

Todas estas velas cambiarán si cambias las temporalidades, es decir que si colocas la temporalidad de una hora tendrás un precio, pero si lo modificas a cuatro horas, todos los numeritos en las velas se moverán de acuerdo con la temporalidad.

En el lapso de una hora el precio se movió ya sea lento o rápido, pero en un lapso de cuatro horas o un día, o semana, o mes, ese mismo precio ya recorrió mucho camino.

Si colocas la temporalidad de una hora en automático tendrás en la parte superior de tu pantalla 24 velitas de una hora cada una. La cantidad de horas que tiene un día.

Si elegimos la temporalidad de una semana, se mostrarán ahora siete velitas representando cada una los días que representa una semana. En fin, en tanto cambies la temporalidad cambiarán la cantidad de velas y los precios en cada una de ellas.

Recuerda siempre estos puntos importantes de la vela cada una de ellas significa algo y te indica cuando poder invertir y a qué hora.

5.4.1 Estructura de las velas japonesas

Una vela está conformada por tres aspectos importantes que reflejan su actividad:

1. **La sombra o mecha la encontramos en la parte superior e inferior.**

2. **El cuerpo se encuentra en la parte central de la vela.**

3. **Precios de apertura, cierre, precios más bajos y altos.**

Como te he mencionado las velas hablan y esto te pueden decir:

1. **Las velas alcistas se tiene el precio de apertura en la parte inferior y el precio de cierre en la parte superior.**
2. **En las velas bajistas el precio de apertura se tiene en la parte superior y el precio de cierre en la parte inferior.**

Los cuerpos de las velas pueden tener distintos tamaños. Si una vela japonesa alcista cierra (Close) por encima del precio de apertura (open), indica que los compradores son más fuertes y que están tomando el control durante ese periodo de tiempo.

Ahora si una vela japonesa bajista en la que el cierre (Close) está por debajo de la apertura (open) significa que la presión de los vendedores controla el mercado durante ese periodo de tiempo.

Las mechas   **Mechas superior e inferior**

5.4.2 Tipos de velas

En esta sección de tipos de velas japonesas se muestra la variedad de velas que al mostrarse nos indican información aún más específica que llega a ser más concreta.

Si consideramos las mechas y los cuerpos de las velas como información valiosa que nos hace tomar decisiones para invertir, pues estas velas especificas nos hablan casi al oído.

La mecha superior nos da información importante cerca de la sesión de la negociación. Si una vela japonesa tiene una mecha superior larga y en la parte inferior mecha corta esto significa que los compradores han mostrado poderío y llevaron al precio aún punto alto sin embargo por alguna razón los vendedores entraron hice llevaron el precio hacia bajo para terminar la sesión de vuelta a su precio.

5.4.3 Vela envolvente bajista (bearish engulfing barr)

Se forma cuando se envuelve totalmente la vela anterior esto significa que la vela bajista de color rojo o negro dependiendo la configuración que se halla hecho en los colores que hayamos seleccionado. Esta vela envuelve totalmente la vela anterior y sigue envolviendo ese mismo color a toda la vela y a las siguientes... vela envolvente bajista.

La vela envolvente bajista es uno de los patrones de velas más importantes, consiste en dos cuerpos el primero es más pequeño y la otra es la vela envolvente antes mencionada.

La vela envolvente bajista nos dice que los vendedores están en el control del mercado. Cuando esté patrón se produce al final de una tendencia, significa que los compradores han sido superados por los vendedores y va a haber un cambio de tendencia. Una vez que identifique este tipo de vela, es la oportunidad de tomar inversión en este caso ventas.

5.4.4 vela envolvente alcista (bullish engulfing barr)

Consta de dos candelabros o velas de la misma manera y la vela alcista vela azul o blanca envuelve la vela anterior tanto el cuerpo, así como la mecha. Al envolver la vela te dice que los compradores entraron y tomaron las riendas del activo. En pocas palabras han decidido que ese momento debe ir al alza y los compradores deciden montarse en esa ola de mar.

5.4.5 Vela Dolly (bar Dolly)

Este tipo de vela ocurre cuando hay muchos vendedores y muchos compradores hasta que dejaron el precio de apertura igual al precio de cierre.

La Dolly nos dice: que en ambos bandos que invierten existe indecisión entre compradores y vendedores, no existiendo un control definido entre ellos.

Cuando esto sucede puede llegar a ser algo muy revelador, por ejemplo, al momento de llegar al fin de una tendencia alcista en ese punto te puede mostrar que se viene un cambio de tendencia ahora bajista. Lo mismo si la tendencia es bajista, y el precio está cayendo y se muestra una vela Dolly, en ese momento nos dice que la tendencia esta por cambiar de dirección y habrá que esperar un poco para tomar la tendencia alcista.

5.4.6 Vela Libélula Dolly (Dragón fly Dolly bar)

Este tipo de vela nos dice al igual que la Dolly... que los vendedores quisieron llevar al precio hacia abajo, pero por alguna razón los compradores entraron y arrastraron el precio casi o muy cerca del precio de apertura.

Cuando veas este tipo de vela te está haciendo saber que los vendedores están perdiendo fuerza y que los compradores creen que el mercado cayó lo suficiente y es momento que el precio regrese por lo menos al precio en que inició.

De igual manera si los compradores entraron y dijeron… **"esto está muy barato, es hora de bajarlo muy cerca de donde inició"**

5.4.7 gaberston dolly

Este tipo de vela si se encuentra al fin de una tendencia nos indica que el mercado va a caer y como último estirón, va a dar una fuerte resistencia, es decir que antes de que comience a bajar habrá jalones de aquí para allá antes de cambiar de tendencia.

En pocas palabras si encuentras este tipo de vela ya sea en tendencia alcista o bajista, significa que ya debes salir de ahí y comenzar a tomar operaciones en la tendencia contraria.

5.4.8 Estrella de la mañana (Morning star)

Este tipo de vela cuando surge refleja un patrón de reversión alcista que a menudo se produce en la parte inferior de las tendencias a la baja, y se compone de tres velas.

1.	Vela bajista indica que los vendedores todavía siguen controlando el mercado.

2.	Vela aun bajista más pequeña lo cual indica que todavía los vendedores siguen en control, pero ya no pueden empujar más el precio hacia abajo.

3.	Ahora es una vela alcista que está impulsando el precio al alza.

Los patrones de la vela estrella de la mañana nos muestran como los compradores toman el control del mercado. Cuando este patrón se presente en la parte inferior de la tendencia bajista, cerca de un nivel de soporte se interpreta como una clara señal de cambio de tendencia.

Para que no se te olvide cuando se da este patrón de tres velas donde envuelve la vela anterior, pero no la vela superior. Por esa razón la conjugación de estas tres velas indica una estructura que muestra que el mercado va al alza y se llama estrella de la mañana.

5.4.9 Estrella de la tarde (evening star)

Este tipo de vela comparte semejanza con la estrella de la mañana al ser todo lo contrario, ya que ahora nos referimos a un patrón de velas de cambio de tendencia bajista.

Para que no te confundas la estrella de la mañana indica un cambio de tendencia alcista y el patrón de velas estrella de la tarde indica un cambio de tendencia bajista.

La estructura de este patrón se conforma de tres velas siguientes:

1. **Vela alcista**
2. **Vela más pequeña alcista**
   Y ahora una vela bajista

En pocas palabras cuando veas que se forma este patrón de vela mientras el mercado se mueve al alza… en ese momento debes saber que habrá un cambio de tendencia a la baja.

5.4.10 El martillo (pimbar hammer)

Este patrón de vela está formado por tres velas, primera vela, segunda vela y tercera vela.

La primera vela la encontrarás de cierto tamaño visible al cual llamaremos hombro.

La segunda vela será de tamaño más grande que la anterior y se llamará cabeza.

La tercera vela será del mismo tamaño o semejante a la primera y a esta la llamaremos hombro.

Si te das cuenta este patrón forma algo llamado hombro cabeza hombro.

Cuando encuentres este tipo de estructura ya sea al alza o la baja, en ese momento tenemos un pimbar o hammer.

Por mencionar algo, si nos encontramos en una tendencia alcista y se muestra un patrón hombro cabeza hombro, esto significa que se aproxima un cambio de tendencia bajista.

Y si te encuentras en tendencia bajista, ahora nos dice que se aproxima un cambio de tendencia alcista.

Una recomendación poderosa para tomar en cuenta es usar un tiempo de cuatro horas para tener más importancia para tomar decisiones más exactas.

Si te imaginas este patrón hombro cabeza hombro, se puede decir que forma un triángulo donde la mecha de la segunda vela define que paso es el que se debe tomar. como ya se dijo en cualquier temporalidad puedes encontrar este patrón.

5.4.11 Vela embrazada o vela en brazos (harammy)

Se considera un patrón de reversión la primera vela es más grande y se le conoce como vela madre y la siguiente es una vela más pequeña y se le llama vela bebé.

Puedes encontrarla en tendencia alcista y bajista y en ambas temporalidades se muestra la vela madre y el bebé.

Este tipo de patrón se considera una señal de reversión a la baja que se produce en la parte superior de la tendencia y es una señal de fortaleza cuando se produce en la parte inferior.

Este patrón es importante identificarlo para encontrar un cambio de tendencia en este caso para tomar ventas.

5.4.12 Pinzas (tweezers)

La formación superior de pinzas se considera un patrón de reversión a la baja visto desde la parte superior de la tendencia alcista y la inferior de pinzas se interpreta como un patrón de reversión alcista en la parte inferior.

En pocas palabras cuando encuentres esta estructura en la parte inferior, significa cambio de tendencia alcista.

5.5 Estructura de mercado

¿Qué es la estructura de mercado?

Como ya se ha mencionado en el mercado existen dos tendencias: alcista y bajista y otra más consolidación que se puede usar de referencia para no seguir invirtiendo en ninguna de las dos tendencias anteriores.

Los patrones de velas

Desarrollan estructuras de mercado que al reflejarse en una gráfica nos indica que y como invertir en cualquier activo.

5.5.1 ¿Para qué me sirve la estructura de mercado?

Es la habilidad crítica que te permite utilizar las estrategias de acción de precio, es decir que desarrollarás la habilidad para usar las líneas de tendencia, soportes y resistencia, geometría de mercado, estructura de mercado etc.

NOTA: No será posible operar todos los instrumentos financieros de la misma manera en

cualquier momento ya que los mercados se encuentran en distintos puntos de acción, por el hecho que algunos de ellos están en tendencia bajista, otros en tendencia alcista y otros más en consolidación y de acuerdo a estos parámetros se podrán tomar decisiones de órdenes, o simplemente nos mantendremos alejados del mercado.

Cuando sepas dominar esta habilidad serás capaz de saber que hacen las masas, quien tiene el control del mercado, el horario de cuando si y no invertir, y cuando saber el momento exacto de alejarnos de las inversiones.

Aunque esto se escuche repetitivo con respecto a las tendencias, has de saber que ello es algo que usamos los trader diariamente hasta que nos quede grabado en la mente y volvernos autómatas del trading...tendencia alcista, bajista y consolidación.

La tendencia alcista nos dice en pocas palabras: **"cuando yo me encuentre en acción, solo debes ingresar ordenes en compra. Nunca olvides eso amiguito"** La tendencia bajista nos dice: **"cuando yo me encuentre en acción, solo debes ingresar ordenes en venta. Nunca olvides eso amiguito"** Y la tendencia en consolidación nos dice: **"cuando yo esté en acción, no ingreses nada de órdenes, ya que si lo haces puedes perder tu capital al apostar por mi"**

5.5.2 La estructura de mercado a escala

Aquí viene la estructura de mercado, y como a mí me gusta que la educación se muestre fácil con palabras sencillas para que todo mundo lo entienda.

Para entender esto te mostrare algo que no fallará. Solo para aclarar, el mercado no se mueve de forma acelerada como un cohete o un avión, si no de forma pausada, es decir como una lombriz ,se mueve de adelante hacia atrás y cuando se encuentra con algún obstáculo solo retrocede hacia atrás y nuevamente vuelve a golpear en el obstáculo hasta ir perforando lo que le impide seguir, hasta que finalmente cuando rompe la barrera continúa su camino una y otra vez, y si vuelve a encontrar obstáculos solo persiste en el mismo punto hasta romper la barrera.

Pues bien, así se mueve el mercado, es por eso que ideé una forma sencilla de como mostrarte el ascenso y descenso del mercado.

En la estructura de mercado es necesario conocer estos conceptos básicos… pisos o soportes y techos y resistencias.

Imagina que tienes un edificio de diez pisos, tu vives en el primer piso y sobre ti están los nueve departamentos restantes.

Donde te encuentras parado es tu piso o soporte y lo que está sobre tu cabeza es el techo o resistencia y todos los pisos que están sobre ti son los techos o resistencias.

Imagina que tienes una pelota muy dura que rebota si le aplicas mucha fuerza. Si la rebotas contra el piso esta vuelve a rebotar con mucha fuerza hacia arriba, golpeando en el techo de tu cuarto. Esta acción te dice que el precio reboto, pero encontró una resistencia que le impidió seguir hacia arriba.

Ahora volvemos a rebotar la pelota en el piso **(soporte),** pero como anteriormente había rebotado en el techo (**resistencia**) esto ha debilitado el mismo y por la fuerza ahora la pelota rompe el techo subiendo al segundo departamento. En este momento el techo que se rompió pasa a ser el piso (**soporte**) y tenemos un nuevo techo (**resistencia**), es decir el techo del segundo departamento.

Cuando un techo es golpeado por la pelota en dos o más ocasiones le llamaremos techo fuerte y cuando un piso es golpeado dos o más veces le llamaremos piso fuerte.

Ahora volvemos a rebotar la pelota, pero con tanta fuerza que a la primera ocasión rompe el techo(**resistencia**) y hasta llega a romper el techo del tercer piso.

Nos encontramos ahora en el cuarto departamento porque rompió dos techos de un solo golpe, y el ultimo techo roto ahora es nuestro piso **(soporte)**

Cuando este tipo de acciones ocurren, significa que el precio está en un punto de mayor afluencia, es decir que existe un gran movimiento al alza.

Como puedes darte cuenta los movimientos que hace un precio en tendencia alcista son ascendentes y poco a poco van escalando hasta llegar al último nivel y cuando esto pase, la lógica nos dice que ya es hora de regresar hacia abajo.

Ahora pongamos un ejemplo con el mismo edificio, pero ahora en tendencia bajista.

Imagina que te encuentras en el décimo departamento, es decir el último nivel de arriba. Con la misma pelota intentarás romper los techos de cada cuarto.

En la azotea donde estás es tu piso(**soporte**) y el piso de abajo es tu techo(**resistencia**)

La acción es la misma, rebotar la pelota hasta romper el piso donde te encuentras. En tu primer intento golpeas la pelota y rompes el piso llegando al décimo departamento donde el techo (**resistencia**) ahora se volvió tu piso(**resistencia**) sigues rebotando la pelota hacia abajo intentando llegar al primer piso de hasta abajo.

Continuamos rebotando la pelota, pero esta golpea el techo y vuelve hacia nosotros, rebota en el piso (**soporte**)y otra vez sube hacia arriba y golpea nuevamente el techo(**resistencia**)y esta vez lo rompe llegando al octavo departamento, donde lo que antes era techo(**resistencia**) ahora se volvió piso(**soporte**)

Prácticamente esta es la actividad del mercado, a veces sube, aunque aparente bajar y luego continúa subiendo, baja un poco y vuelve a subir y en momentos de gran demanda de los compradores sube súbitamente. En momentos de consolidación existe indecisión por parte de vendedores y compradores haciendo que el mercado no suba ni arriba ni abajo, si no hacia el lado derecho a esto es lo que llamamos consolidación.

Otro aspecto importante a destacar es la interpretación de las líneas de tendencia, es decir los rebotes que hace el precio en ciertos puntos y los niveles que avanza y desciende un precio en su ascenso o descenso.

Por ejemplo, existe el alto más alto **(Higher High)** y alto más bajo **(Higher Low)** Estos impulsos y retrocesos ocurren en una tendencia alcista y cuando los encuentres en tu camino sabrás que te encuentras en esta tendencia.

Como ya viste en la estructura de mercado es decir el edificio que pusimos de ejemplo, el precio asciende, pero lo hace mediante impulsos y retrocesos siempre golpeando en el techo**(resistencia)** y si no rompe solo regresa un poco y sigue golpeando en dirección a la tendencia en que nos encontramos.

Por ejemplo, si estamos en tendencia alcista esto es lo que debe ocurrir con los impulsos y retrocesos.

Primero se moverá hacia arriba y será un alto más alto **(Higher High)**, después si no rompe el techo**(resistencia)** bajará un poco llegando a ser un alto más bajo **(Higher Low)** pero ahora volverá a subir a un alto más alto **(Higher High)**

Prácticamente en una tendencia alcista se moverá así: Higher High, Higher Low, luego nuevamente Higher High, Higher Low, con la diferencia que los precios variarán, pero siempre tendrás la noción de cuál es la tendencia en que te encuentras.

Ahora en una tendencia bajista la interpretación es distinta al revés, iniciando con un bajo más bajo **(Lower Low)**, luego al golpear en un techo**(resistencia)** bajará a ser bajo más alto **(Lower High)** y así se seguirá y con ello sabrás si te encuentras en una tendencia bajista.

Prácticamente en una tendencia bajista se moverá así: Lower Low, Lower High, luego Lower Low, Lower High y Lower Low.

Que esto no se te olvide, aquí tienes la clave de cuando ganar y cuando perder.

Si creías que esto es poderoso, te equivocas, porque imagina saber cuándo cambiará la tendencia, es decir que si me encuentro en tendencia alcista y quiero saber cuándo dejaré de tomar compras para irme en ventas. Aquí te lo digo.

En tendencia alcista encontraremos los patrones ya conocidos que nos ubica en la tendencia en que nos encontramos: **(Higher High) (Higher Low)**, **(Higher High)**, **(Higher Low)**

Pues bien, cuando te encuentres los siguientes puntos sabrás que ya es hora de cambiar de tendencia.

Primero todo se verá normal: **(Higher High)**, **(Higher Low)**, **(Higher High)**, **(Higher Low)**, pero aquí viene el cambio de tendencia… primero **(Higher High)**, luego **(Higher Low)** y por último, **(Lower Low)**, **(Lower High)** o en su defecto **(Higher High)**, **(Higher Low)** y

(Higher Low)cuando estos dos acontecimientos ocurran, es decir que en vez de mostrarse un patrón normal de alto más alto, alto más bajo y se muestra un impulso contrario en la tendencia, es decir bajo más bajo**(Lower Low) (Lower High)** o un alto más alto y luego un alto más bajo y va acompañado de otro alto más bajo, en este momento ya debemos considerar cambiar de tendencia e ir a buscar ventas.

Ahora supongamos que nos encontramos en una tendencia bajista y queremos saber si ya cambiará a la tendencia contraria estas dos características debemos identificar: **(Lower Low), (Lower High), (Lower Low), (Lower High)** y por último **(Higher High), (Higher Low)** o esta otra opción... **(Lower Low), Lower High)** y otro **(Lower High)** si te das cuenta en estos últimos movimientos se dio el cambio de tendencia al estar en un impulso bajo más bajo y cambiar a un alto más alto.

NOTA: esto es de suma importancia ya que al ser consiente de cómo se mueve un precio, sabrás cuando ingresar operaciones en la tendencia correcta y lo mejor saber cuándo habrá un cambio de tendencia.

Y ahora para dejar todo más claro, esto nunca lo olvides, ya que con ello sabrás cuando y como meter órdenes.

Cuando te encuentres en tendencia alcista y tengas frente a ti impulsos y retrocesos los pisos **(soportes)** es lo único que deberás buscar, es decir que cuando suba y golpee en el techo tienes que esperar a que toque el piso y una vez lo tocó, metemos compras.

Ejemplo: piso techo y piso =a compra. piso techo y piso =a compra.

Piso techo y piso =a compra.

Si te encuentras en tendencia bajista lo que ahora se debe buscar son ventas, es decir que buscaremos techos para poder ingresar ventas. Todo lo contrario, a la tendencia alcista.

Por ejemplo: techo+ piso+ techo=a ventas. techo+ piso+ techo=a ventas.

techo+ piso+ techo=a ventas.

Tanto Los compradores y vendedores siempre esperan el comienzo del impulso y toman ganancias al final del mismo.

Esta otra clave te hará ganar mucho capital, sobre todo si vas iniciando en el trading.

Solo recuerda observar los cambios de tendencia cuando se vayan dando, tal y como ya lo has aprendido solo con ello tendrás órdenes a tu favor. ¿Qué es una zona de oferta y demanda?

Una zona de demanda es un punto donde se origina un impulso fuerte alcista creando un in balance o desbalance entre los compradores y vendedores. Los precios que se encuentran en esa zona son buenos para comprar. En conclusión, eso significa que los compradores ganaron.

Una zona de oferta es un punto donde se origina un fuerte impulso bajista creando un in balance o desbalance entre compradores y vendedores y los precios que se encuentran en esa zona son buenos para comprar. En conclusión, esto significa que los vendedores ganaron.

Si te preguntas para que nos sirven las zonas De desbalance o in balanceo más conocidas como zonas de oferta y demanda, es muy sencillo: para que en un futuro marques un punto especifico que en algún momento se repita esa acción donde tanto vendedores o compradores retomen ese punto y continúen la tendencia.

Lo que debes saber sobre las zonas de oferta y demanda, es que siempre se repiten, es decir que tanto compradores y vendedores marcan puntos estratégicos que en determinado tiempo se vuelven a repetir una y otra vez. Si sabes identificar esas zonas, con tiempo y practica constante cuando esos puntos vuelvan a darse podrás esperar y tomar muchas órdenes a tu favor.

6Capítulo 6: en proceso un trader rentable.

6.1 Zonas de liquidez (bloques de ordenes)

6.1.1 ¿Que son los bloques de ordenes?

Son velas especificas donde existen muchas ordenes programadas previamente y se utilizan para entrar mejor y con mayor precisión en una operación.

Como sabes en el trading existen ordenes que puedes ingresar de forma programada, es decir que al momento de ingresarlas no comienza a correr, si no en cuanto el punto de entrada previamente configurado en la orden es tocado. En pocas palabras las ordenes programadas se activan cuando el precio de un activo toca el punto especulado en un previo análisis.

Pues bien, las instituciones financieras conocen estos puntos históricos que periódicamente se repiten en cierto momento, a lo que se conoce como bloque de órdenes, no son otra cosa más que instituciones aprovechando zonas de liquidez.

Order blocks son comportamientos del mercado donde se apilan órdenes de bancos e instituciones. Los bancos e instituciones son las que mueven el mercado de Forex. Así que los trader minoristas deben saber lo que las instituciones pretenden hacer. Cuando un mercado se consolida, bloques de órdenes empiezan a formarse y catalizan un movimiento importante. Cuando el bloque se completa, el mercado hace un movimiento agresivo hacia algún lado del rango. La clave es entender lo que las instituciones están haciendo en esos niveles. ¿Qué es un Order block en Forex?

Order Blocks Trading es un término poco usado en trading pero que conviene que conozcas por si algún día, mientras operas o acudes a cursos de formación en trading, te encuentras con él.

El término Order blocks o Bloques de Órdenes en Trading se refiere a un conjunto de órdenes millonarias preparadas para que se ejecuten en un determinado momento en el mercado, generalmente en Forex.

Los bancos centrales e instituciones financieras utilizan estos bloques cuando quieren destinar una gran cantidad de dinero a un determinado activo, pero quieren evitar efectos indeseados en el mercado, como una elevada volatilidad. Por eso, dividen sus órdenes en bloques.

Por ejemplo, si un banco quiere operar 100 millones de dólares en el EURUSD, puede dividir la operación en cuatro bloques de 25 millones para que se ejecuten de manera escalonada. Cuando el último bloque se ejecuta, el precio suele dibujar un movimiento brusco en el sentido de la orden.

Generalmente, estas instituciones utilizan los Order Blocks para cambiar el sentido del mercado: si el mercado sube, ellas venden; si el mercado baja, ellas compran. Con estos movimientos, hacen que salten las órdenes de stop de los minoristas cuando el precio se sitúa debajo del mínimo (o del máximo) anterior.

A veces, los institucionales colocan alguna orden en sentido contrario para evitar que la volatilidad aumente. No obstante, recuerda que rentabilidades pasadas no son una garantía fiable de resultados futuros y que el mercado puede no responder como uno espera.

(**Caro Mora,Carolina, 2022**)

https://admiralmarkets.com/es/education/articles/forex-analysis/analisis-tecnico

A este tipo de velas se les conoce como velas rastro, es decir velas específicas que las instituciones dejan para en algún otro momento volver a tocar esos precios, Usualmente es la última vela bajista antes de un impulso alcista, puede ser lo contrario: la última vela alcista antes de un impulso bajista.

Los bloques de ordenes se pueden utilizar en diferentes temporalidades: un minuto, tres minutos, cinco minutos, un día, cuatro horas, una semana, un mes o año, etc.

Como ya se dijo es la última vela y lo más recomendable es usar toda la vela completa para una mayor certeza.

6.1.2 ¿Qué es el trading institucional?

Es la zona donde las instituciones compran o venden, además los precios institucionales son aquellos que terminan en paridad: **(00) (50) (100) (150) (200)**

(250) (300) (350) (400), etc. El trading institucional consiste en la compra y venta de activos financieros por parte de instituciones a través de sus trader. Este tipo de trading lo practican grandes compañías que cuentan con equipos divididos en analistas y operadores de manera que los primeros se dedican a hacer los análisis técnicos y fundamentales y los segundos estudian la información y ponen en práctica las estrategias y las operaciones que consideran más convenientes.

Para ello, los operadores cuentan con grandes cantidades de dinero, lo que les permite tener una gran capacidad de diversificación de las inversiones para evitar así grandes pérdidas. Además, al operar con grandes volúmenes de operaciones tienen acceso a mejores precios en el mercado e incluso pueden influir de manera directa en el movimiento de precios de los activos que intercambian. De hecho, entre los trader institucionales se libra una batalla por intentar controlar el mercado y llevarlo hacia sus intereses.

¿Cómo consiguen este control? Si creen que un mercado va a subir, entran con posiciones largas como haría cualquier trader minorista, pero al entrar con grandes cantidades de capital pueden influir en la confirmación de esa tendencia.

Veamos ahora un ejemplo real.

Soros vs Libra esterlina

En 1992 ocurrió un fenómeno muy famoso en el mundo de la inversión que ofrece una idea clara de cómo el trading institucional puede influir en el mercado. Pongamos algo de contexto: en 1990, en plena recesión, el gobierno británico decide unirse al ERM (Exchange Rate Mechanism), un mecanismo por el cual algunos países europeos establecieron un tipo de cambio fijo referenciado al marco alemán.

Poco después, en pleno proceso de reunificación, el Gobierno alemán se vio obligado a subir los tipos de interés para controlar la inflación, por lo que el resto de países sujetos al sistema europeo tuvieron que hacer lo mismo. El Banco de Inglaterra estaba muy presionado en ese momento y tenía dos opciones: o devaluar su moneda o abandonar el sistema monetario común.

¿Qué hizo Soros entonces? ➡️ Se adelantó a esta decisión e invirtió 1.000 millones de dólares en corto contra la libra esterlina e incrementó, en la noche del 15 al 16 de septiembre, su inversión. El Banco de Inglaterra quiso contrarrestar este movimiento con la compra de 1.000 millones de libras, pero apenas se notó en el mercado por lo que decidió subir las tasas de interés del 10 al 15 %, un movimiento a la desesperada que tampoco dio resultado. Unas horas después de subir los tipos, el Banco de Inglaterra anunció su salida del ERM.

Ese día, el 16 de septiembre de 1992, la libra cayó un 15 % y Soros ganó más de mil millones de dólares. Desde entonces, esa jornada recibe el nombre de 'miércoles negro' y fue el día en el que Soros se convirtió en una leyenda en el mundo del trading institucional.

(Caro Mora, Carolina, admiralmarkets.com, 2022)

6.1.3 ¿Qué es una zona de liquidez?

Cuando hablamos de liquidez en cualquier ámbito financiero nos referimos a la facilidad y velocidad con la que podemos comprar o vender un activo determinado a un precio más o menos estable. Si hablamos de nuestro día a día, una persona o negocio se considerará líquido si tiene capacidad para cumplir con sus obligaciones financieras más inmediatas.

↳ **La capacidad de pago a largo plazo se denomina solvencia.**

Si hablamos de la liquidez del mercado, ésta dependerá en gran medida de la cantidad de compradores y vendedores que estén presentes en el mismo.

▶ **Lógicamente, cuantos más participantes haya, más fácil podremos 'colocar' nuestro activo. Y cuanto más líquido sea un activo, más rápido podremos venderlo.**

Visto esto, podemos afirmar que el dinero en efectivo es el activo más líquido porque lo podemos intercambiar en cualquier momento por cualquier producto o servicio. Sin embargo, una vivienda o un coche son muy pocos líquidos porque no son fáciles de intercambiar, requieren de tiempo, de cálculos de precios y, casi siempre, de intermediarios.

En el mundo del trading, conceptos como liquidez, spread, lote, están a la orden del día.

(Caro Mora,Carolina, admiralmarkets.com, 2022)

https://admiralmarkets.com/es/education/articles/forex-basics/liquidez-mercado

6.1.4 ¿Qué es un proveedor de liquidez?

Un proveedor de liquidez es una institución **(normalmente)** que actúa como creador de mercado de una determinada clase de activos, es decir, el proveedor de liquidez comprará y venderá el activo, o lo que es lo mismo, actuará como contraparte.

Proveedores de liquidez en el mercado Forex

En el mercado Forex gran parte de la liquidez global es proporcionada por los grandes bancos de inversión, que **"crean"** mercados de todos los cruces de divisas disponibles. Estos grandes bancos de inversión tienen mesas de trading donde los trader sacan las cotizaciones tanto de compra como de venta de todos los pares de divisas del mercado Forex. Son estos proveedores de liquidez los que dan los precios a los bróker de Forex que no son Market Makers, es decir, los bróker ECN o STP.

Cada proveedor de liquidez ofrecerá un spread al bróker, este será más reducido cuanto mayor sea el volumen de operaciones del bróker, y el bróker pasa los precios que le marca el proveedor de liquidez a sus clientes (obviamente cobrando algún coste o aumentando el spread).

(Snchz,David, 2020)

https://www.rankia.com/blog/divisas-y-forex/2442979-proveedores-liquidez-forex

En conclusión, Trader, puedes combinar todas estas estrategias para ir checando tus análisis y en la práctica generar la experiencia que te llevará a ser rentable en trading.

6.2 Coeficiente Fibonacci

6.2.1 Conceptos de Fibonacci

En matemáticas, la sucesión de Fibonacci (a veces mal llamada serie de Fibonacci) es la sucesión infinita de números naturales.

0,1,1,2,3,5,8,13,21,34,55,89,144,233,377...

La sucesión comienza con los números 0 y 1, y a partir de estos, cada elemento es la suma de los dos anteriores. A los elementos de esta sucesión se les llama números de Fibonacci. Esta sucesión fue descrita en Europa por Leonardo de Pisa, matemático italiano del siglo XIII también conocido como Fibonacci.

Tiene numerosas aplicaciones en ciencias de la computación, matemáticas y teoría de juego. También aparece en configuraciones biológicas, como por ejemplo en las ramas de los árboles, en la disposición de las hojas en el tallo, en la flora de la alcachofa y en el arreglo de un cono.

El concepto fundamental de la sucesión de Fibonacci es que cada elemento es la suma de los dos anteriores. En este sentido, la sucesión puede expandirse al conjunto de los números enteros como de manera que la suma de cualesquiera dos números consecutivos es el inmediato siguiente.

Las sucesiones de Fibonacci tienen su aplicación en el estudio bursátil, se consideran un indicador muy importante para ver la magnitud de los retrocesos en la Bolsa:

6.2.2 Retrocesos de Fibonacci

61.8%: Conocido también como la proporción áurea, o número áureo, es el límite del cociente que se obtiene de la división de un elemento de la sucesión de Fibonacci entre el siguiente, conforme la serie tiende a infinito.

50.0%: Es el retroceso más comúnmente aceptado, equivalente a la mitad del avance de la tendencia principal.

38.2%: Se obtiene de restar 61.8% de la unidad (1.000 – 0.618 = 0.382).

100%: Equivalente a la magnitud total de la tendencia principal.

Consideraciones a tener en cuenta de la sucesión de Fibonacci

Los porcentajes de retroceso en el análisis bursátil deben ser calculados solamente después de que se ha confirmado el fin de una tendencia, nunca mientras la tendencia continúa vigente.

Teniendo en cuenta que las tendencias siempre forman parte de una tendencia de más largo plazo y a su vez están formadas por tendencias de más corto plazo, la pregunta: ¿Sobre cuál de estas tendencias debo calcular los retrocesos? Puede no tener una respuesta simple. En términos generales, debemos calcular los retrocesos sobre aquella tendencia que haya dado señales claras de terminación.

Se considera que una tendencia débil puede tener un retroceso de 31.8%, mientras que una tendencia muy fuerte puede tener un retroceso de 61.8%, antes de retomar su dirección original.

Algunos libros mencionan una zona crítica de 33 al 38.2%, y de 61.8 a 67%, en lugar de los niveles específicos.

(Vazquez Burguillo,Roberto, 2021)

https://economipedia.com/definiciones/sucesion-de-fibonacci.html

Como pudiste ver en la definición de secuencia Fibonacci o coeficiente Fibonacci, el matemático Leonard Fibonacci descubrió que en la naturaleza ciertos acontecimientos se regían en base a un patrón numérico lo cual ya estaba determinado en nuestro mundo incluso en el universo. Algo muy parecido a lo que menciona Nikola tesla que estaba muy obsesionado con una serie de números por los que según él se rige todo el universo y que esconden cosas que parecerían mágicas cuando las conozcamos. Entonces el señor Fibonacci se dio cuenta de esta serie de números que los podemos encontrar casi en cualquier parte, pero lo más interesante es que todos ellos al formar un patrón o secuencia indicaban una acción en este caso los mercados financieros donde su uso e interpretación ahora son fundamentales para un análisis más completo llegando incluso a desarrollar una herramienta conocida como coeficiente Fibonacci.

Para poner un poco en contexto al lector, es preciso decir que esta herramienta tiene sus funciones únicas que están enfocadas a saber cuándo o en qué momento hay o existió una tendencia alcista o tendencia bajista, cuando rompió la tendencia, cuando cambio la tendencia, etc.

Bueno para utilizar la herramienta Fibonacci primero ya debiste haber identificado la tendencia en que te encuentras, los soportes y resistencias, ahora solo para utilizar la herramienta debes identificar el inicio del impulso y el fin del impulso. El inicio del impulso lo va a marcar la tendencia en que te encuentres. Para eso ya debes estar muy familiarizado con los capítulos de tendencias e impulsos y retrocesos para saber cuándo inicia un impulso y cuando finaliza. Lo mismo en tendencia alcista y bajista.

Entonces recapitulando, una vez has identificado el inicio y fin del impulso en cualquier tendencia. Luego al estar en la plataforma trading View selecciona la herramienta Fibonacci y marcas con Fibonacci el inicio arrastrando hasta el final del impulso, al instante te arrojará estos niveles: nivel 23, 38, 50, 61, 78 y 88. Estos niveles son los que interesan para poder tomar opciones en cualquier tendencia todo dependerá donde te estes moviendo.

El nivel 38 es un nivel de reversión, es decir que en este nivel es muy común que se dé un cambio de tendencia. En el nivel 50, 61 y 78, son puntos muy interesantes para tomar oportunidades dependiendo la tendencia, pero si alcanza estos niveles deberías considerar tomar opciones a tu favor. Considera siempre marcar con la herramienta Fibonacci el inicio del impulso, arrastrando hasta el fin del impulso para tener una mejor confluencia en los niveles de Fibonacci. Si te das cuenta los niveles de Fibonacci coinciden al efectuar un movimiento de acuerdo a la tendencia: nivel 78 coincide con el nivel 23, el nivel 61 coincide con el 38, el nivel 50 coincide con el 50, el nivel 38 coincide con el 61, el nivel 23 coincide con el 78, y así sucesivamente.

Prácticamente el uso de la herramienta Fibonacci o coeficiente Fibonacci tiene como objetivo generar niveles que te permitirán definir cuando continuará una tendencia y cuando se hará una reversión de tendencia. Más adelante se explicará otra herramienta similar llamada extensión de Fibonacci.

6.2.3 Extensión de Fibonacci

Como ya mencionamos la extensión de Fibonacci es una herramienta avanzada que continuará arrojando niveles Fibonacci. Ahora las ventajas de usar esta herramienta son muy distintas a el coeficiente Fibonacci, aunque sigue conservando su funcionalidad, solo que ahora nos arrojará niveles que nos indicarán hasta dónde puede llegar un impulso y hasta dónde puede llegar una tendencia.

Para tener una idea más clara de lo que significa la extensión de Fibonacci, describiremos un ejemplo para saber cómo se debe utilizar al momento de analizar el mercado.

Imagina que tenemos un cambio de tendencia, que el mercado muestra un alto y un bajo donde retrocederá y luego bajará. Una vez identificado lo que se mencionó, es preciso identificar el inicio del impulso, luego marcas el fin del impulso, y por último marcas el retroceso, confirmando de ante mano que el mercado haya respetado el mismo y como resultado el coeficiente Fibonacci nos arroja un nivel 78.6. la verdadera pregunta es ¿hasta qué punto puede llegar el precio? Pues es aquí cuando se debe usar la extensión de Fibonacci.

Nuevamente recapitulamos, para aplicar la herramienta extensión de Fibonacci marcamos el inicio del impulso, luego el fin del impulso y después el retroceso previamente que el mercado haya respetado el precio llegando al nivel 78 para luego identificar el nivel correlativo es decir que ahora muestra niveles de extensión de Fibonacci... 0.78, 1.00, 1.272, 1.618, 2.00, 2.272, 2.618, 3.00, 3.272, 3.618. ahora el mercado nos muestra niveles superiores hasta donde el mercado puede llegar en el futuro. De ahí obtiene su nombre extensión de Fibonacci basada en tendencias, ya que sirve para identificar hasta donde puede terminar un impulso o hasta dónde puede llegar una tendencia.

Lo siguiente son los valores correlativos que debes aprender para identificar cual se relaciona con cada uno de ellos: el nivel 23 de Fibonacci se correlaciona con el nivel 1.72, 2.72, 3.72. El nivel 38 se correlaciona con el nivel 1.27, 2.27, 3.27. El nivel 50 se relaciona con el nivel 1.00, 2.00, 3.00. El nivel 61 se relaciona con el nivel 1.618, 2.618, 3.618. El nivel 78 se relaciona con el nivel 1.27, 2.27, 3.27. El nivel 88 se relaciona con el nivel 1.13, 2.13, 3,13.

La extensión de Fibonacci no solo te puede servir para hacer Forex, sino también para hacer binarias, cripto, futuros, acciones, en fin, te sirve para cualquier derivado financiero donde desees invertir.

En conclusión, el coeficiente Fibonacci y la extensión de Fibonacci, son dos herramientas que se deben usar en conjunto si quieres tener mayor efectividad en tus Trades. Si así lo deseas solo la herramienta Fibonacci te puede funcionar de maravilla, pero si quieres una mejor certeza al momento de analizar el mercado no olvides usar la extensión de Fibonacci.

6.3   Líneas de tendencia

6.3.1 ¿Cómo funcionan las líneas de tendencia?

Como ya se dijo anteriormente, los mercados no se mueven en línea recta se mueven paulatinamente como un gusanito medidor, lenta y constantemente. Las tendencias son la dirección hacia donde se está moviendo el mercado, es como una brújula que nos indica hacia donde se encuentran los puntos cardinales con la diferencia que las tendencias te hacen saber qué decisión tomar a la hora de hacer trading.

También ya se dijo que existen tres tendencias, alcista bajista y consolidación, y cada una de ellas revelan que hay que hacer cuando alguna de estas tendencias cambia o está en marcha.

Si aun te sigues preguntando ¿Qué son las tendencias? te invito a revisar el capítulo... estructura de mercado, en dicho capítulo se habla de las tendencias y los movimientos que hace para identificar cuando se mueve ya sea al alza o a la baja. Te invito a revisarlo.

Pues bien, ahora nos enfocaremos en las líneas de tendencia y esto no es otra cosa que una línea que nos ayuda a identificar una tendencia determinada.

Línea de tendencia

La línea de tendencia es una herramienta básica dentro del análisis técnico. La línea de tendencia une los sucesivos mínimos dentro de una tendencia alcista, así como los máximos dentro de una tendencia bajista. Además, nos ayuda a observar mejor la tendencia. Junto con los soportes y resistencias, es de gran utilidad para ayudarnos a determinar niveles de precio óptimos para unirse a la tendencia.

6.3.2 ¿Cómo interpretar una línea de tendencia?

La línea de tendencia es una recta que marca la tendencia de un activo (alcista o bajista). En donde una línea de tendencia alcista une la recta y los mínimos sucesivos relevantes.

• Una línea de tendencia bajista es una recta que une los máximos sucesivos relevantes.

• En una tendencia lateral o rango existen líneas de tendencia tanto en la parte superior como en la inferior; sin embargo, se denominan resistencias y soportes, respectivamente.

Para construir una línea de tendencia, hacen falta 2 puntos **(como mínimo)**. Estos puntos pueden ser dos mínimos o dos máximos. Sin embargo, cuantos más puntos unan a una línea de tendencia más fortaleza tendrá. Es decir que, para trazar una línea de tendencia es necesario la unión de dos mínimos en una tendencia alcista, o dos máximos en una tendencia bajista. Sin embargo, para que la tendencia sea confirmada, la línea de tendencia debe unir tres mínimos o máximos, según si la tendencia es alcista o bajista. Cuando los precios perforan una línea de tendencia, es muy probable que la tendencia vigente vaya a finalizar.

Las líneas de tendencia, al igual que los soportes y resistencias, tienen más relevancia cuántas más veces hayan sido tocadas por el precio, así como por el tiempo que se haya mantenido vigente. Por tanto, cuánto más evidente sea una tendencia y más tiempo se haya mantenido vigente, más importante será, pero más desarrollada estará y más cerca se encontrará su finalización. Las líneas de tendencia son diagonales y nunca horizontales. No intentes ajustar una línea de tendencia a tu gráfico. Si un precio rompe una línea de tendencia, no significa que la misma esté cambiando su dirección; puede ser un caso de un falso rompimiento.

- **Podrás trazar las líneas de tendencia más confiables en temporalidades más largas (diarias, semanales o mensuales).**

6.3.3 ¿Para qué sirven las líneas de tendencia?

Sirve para determinar en primer lugar la dirección del mercado y establecer sus objetivos de proyección

- **Marca los niveles de soporte o de resistencia que están proyectando los precios**

- **Permite analizar en cada momento el nivel de Beneficio/Riesgo que se puede tomar al iniciar o cerrar una posición, tomando como referencia el precio actual respecto a línea de tendencia y su proyección.**

La ruptura de una línea de tendencia al alza o la baja es una de las señales que confirma un cambio en la dirección de los precios. Son la base para trazar los canales que encuadran el posible movimiento de los precios.

(Lopez,Jose Francisco, 2020)

https://economipedia.com/definiciones/linea-de-tendencia.html

6.3.4 ¿Cómo se dividen las líneas de tendencia?

Las líneas de tendencia se pueden dividir en dos tipos, dependiendo las confirmaciones o toques que tenga. Línea de tendencia orientada y línea de tendencia validada, la orientada es una línea que no está validada:

1. **Línea de tendencia orientada: para que puedas marcar una línea de tendencia orientada, primero debes identificar la evidencia de una tendencia, usando la estructura de mercado. Luego tiene que haber dos mínimos de reacción y el segundo mínimo tiene que ser más alto que el primero, siempre tiene que hacer dos puntos de reacción para trazar una línea de tendencia recta. Los Trader pueden estar absolutamente seguros de que han formado un mínimo de reacción, después que los precios han comenzado a subir el precio dos. Justo ahí podrá trazar una línea de tendencia ascendente debajo del punto (0) o (X)**

2. **Línea de tendencia valida: para poder confirmar la validez de una línea de tendencia se requiere que sea tocada por tercera vez, es decir si contamos con el punto A), punto B) y punto C) donde este último al ser tocado mostraría la confirmación.**

Los tres toques que se llegan a dar en una tendencia confirman una validez de tendencia.

6.3.5 ¿Que determina la importancia de una línea de tendencia?

Se determina con el número de veces que se ha tocado el mismo punto marcando la línea de tendencia para luego continuar con la misma, tomando oportunidades en esa zona, solo entonces cuando el mercado rompa la línea de tendencia es muy seguro que se dé una reversión.

La línea de tendencia te servirá no solo para ingresar compras en tendencia alcista, si no cuando rompa la línea se convertirá en una resistencia, lógicamente para dejar de ingresar órdenes. Como ya se dijo en capítulos anteriores, si el precio toca cuatro veces en el mismo punto, la línea de tendencia se comienza a debilitar y es tiempo de estar alerta por un probable cambio de tendencia, aunque nada está asegurado, pero si toca más de cinco veces en el mismo lugar habrá que considerar una reversión.

6.3.6 ¿Cómo trazar una línea de tendencia?

En el instante que observamos una vela es ahí cuando deberíamos saber dónde marcar una línea de tendencia por su punto de cierre**(cuerpo)** y apertura**(mecha).** Si bien es cierto que muchos trader prefieren tomar desde el cuerpo y otros desde la mecha, no obstante, se respeta el tipo de estilo que se maneje en cada análisis. Lo que sería más recomendable que tu línea de tendencia incluya todos los movimientos del precio. Para considerar ambas partes de la vela es preferible marcar dos líneas de tendencia en toda la vela, es decir una línea que considere la mecha**(apertura)** y otra línea que considere el cuerpo**(cierre)** de la vela. Si se decide utilizar solo el precio de cierre (**Close**) o el precio de apertura**(open)** puede ser el más importante al final del día, pero solo representa una pequeña porción de lo ocurrido en ese día. La técnica debería incluir el alcance de los precios del día tomando en consideración la totalidad de la actividad.

6.3.7 Inclinación de la línea de tendencia

En cierto momento las líneas de tendencia valida se llegan a elevar en un ángulo que se aproxima a los 45 grados. Podría ser en ese rango de elevación nunca sobre pasando los 45 grados, pero si en ese margen de elevación. Si una línea de tendencia está demasiado inclinada, generalmente indica que los precios están avanzando demasiado rápido y el acenso tan inclinado no será sostenible. Esto quiere decir que cuando mires una tendencia demasiado inclinada es muy probable que el mercado tendrá un cambio de reversión.

6.3.8 ¿Como ajustar una línea de tendencia?

En dadas ocasiones deben ajustarse para acoplarse a otras líneas de tendencia. Si llegase a romper una línea de tendencia muy inclinada, probablemente se tenga que trazar una línea de tendencia más lenta.

Si la línea de tendencia original es demasiado plana, tal vez deba trazarse una línea con un ángulo más inclinado, es decir que puedes trazar una línea de tendencia más inclinada que genere mayor rapidez al mercado.

6.3.9 Línea de canal

Los canales son una variación útil de la técnica de líneas de tendencia, a veces los precios se mueven entre dos líneas paralelas. Una línea de tendencia básica y una línea de tendencia canal, lo que hacen estas dos líneas es encerrar el precio

El mercado cuando marca un punto a pesar que se llegue a romper si esa zona fue una excelente zona de soporte el mercado va a respetar en cierto momento esa zona y te va a servir de entrada. Entonces esto significa que en el futuro a pesar que se rompan seguirán siendo útiles para poder luego tomar entradas cuando vuelva a considerar esos puntos marcando tu línea de tendencia porque llegan a convertirse en zonas de oferta y demanda o zonas de soporte y resistencia diagonales.

6.3.10 Líneas de tendencia cruzada

Para tener la suficiente certeza de cuando se debe trazar una línea de tendencia te recomiendo checar una vez más los capítulos: impulsos y retrocesos, estructura de mercado y velas japonesas. Estos capítulos se enfocan en analizar los movimientos que se dan en todas las tendencias y cómo se comporta el mercado en distintas temporalidades, así como los gráficos que representan cada movimiento que hace el mercado. Si el contenido aquí plasmado te es básico, he de decirte que solo está enfocado para trader principiantes y termino secundario o nivel medio, pero en los próximos meses estaré publicando el siguiente tomo donde te refiero lo más avanzado que nunca podrás encontrar en una academia de trading, precisamente ahí es donde nunca te enseñarán nada de esto.

6.4   Gestión de riesgo

6.4.1 ¿Qué es la gestión de riesgo?

La gestión de riesgos en el trading es una estrategia general para minimizar tus pérdidas y proteger el capital de tu cuenta de trading. Es una herramienta invaluable en el arsenal de cualquier trader exitoso y la base para construir un plan exitoso para operar. También es fundamental para todos los fondos de cobertura, las empresas de trading o los inversores a gran escala.

La gestión de riesgos es básicamente un punto de vista que considera todo lo que puede salir mal durante el trading. Analiza qué puede hacer que tu capital sea vulnerable a pérdidas. Te indica cómo proceder en cada situación para proteger mejor tus activos.

Si el trading es una casa, la gestión de riesgos es su base. Define qué tan exitosa será tu estrategia de trading. Esto te ayuda a determinar si podrás sobrevivir al entorno competitivo de los mercados financieros actuales.

La gestión de riesgos en el trading no se encarga solo de las pérdidas. También define el objetivo de ganancias razonable al que debes aspirar sin preocuparte por la estabilidad de tu portafolio.

También es esencial para los participantes del mercado que buscan invertir en un fondo en particular, por ejemplo. Entre las principales herramientas que les ayudan a encontrar la oportunidad de inversión óptima se encuentra el Ratio de Sharpe. Esto ayuda a los inversores a comprender los retornos que ofrece una inversión en comparación con los riesgos que se corren y a determinar qué tan efectiva es la estrategia de gestión de riesgos del fondo.

Se prefiere un Ratio de Sharpe alto, ya que eso significa que el fondo ha logrado obtener buenos retornos sin correr demasiados riesgos.

La gestión de riesgos es importante porque conocer cuándo operar y cuándo cerrar tus posiciones determinará tu éxito a largo plazo.

Muchos trader parten de la idea de que las ganancias son más importantes que las pérdidas. Alternativamente, si tus ganancias exceden el número de tus pérdidas, no importa cuán grandes sean, tendrás éxito.

Sin embargo, por sí solo, esto no es viable a largo plazo. Si observas los ejemplos más exitosos del mundo del trading y la inversión, son las personas y las instituciones las que alcanzaron el nivel en el que se encuentran al considerar cuidadosamente sus opciones y solo abrir una operación en la oportunidad correcta.

Este tipo de logro puede requerir varios años o incluso décadas. Siempre hay que recordar que los mercados financieros son de naturaleza cíclica, es decir, que los trader que tienen un historial de rentabilidad sostenible han superado con éxito mercados bajistas o crisis.

Esto significa que pueden preservar su capital en períodos de volatilidad, desestabilización del mercado, crisis políticas y económicas y otros eventos potencialmente dañinos.

6.4.2 ¿Como manejar la gestión de riesgo?

La mejor manera de administrar el riesgo en el trading es identificar tantos factores de riesgo como sea posible que puedan afectar la salud de tu portafolio antes de comenzar a operar.

Esto no se puede exagerar. Al marcar todas las posibles amenazas que pueden afectar tus inversiones, estarás preparado para la mayor parte de lo que podría salir mal y desarrollarás un plan de respaldo. Saber cómo reaccionar en estas situaciones te ayudará a mantener la calma y a controlar tus emociones incluso bajo la presión del momento. Te dará la confianza de saber que tu estrategia se basa en información bien investigada y probada.

Básicamente, la gestión de riesgo es una combinación de múltiples ideas que sirven para controlar el riesgo en el trading y que incluyen los siguientes principios:

- **Definir el tamaño de lotes.**

- **Operar a las horas del día con mayor volumen**

- **Decidir de antemano la distancia del stop loss y profit.**

(Tachev, Viktor, 2022)

https://www.earn2trade.com/blog/es/gestio n-de-riesgos-en-el-trading

6.4.3 Importancia en la gestión de riesgo

La importancia de la gestión de riesgo en el trading es vital si se desea ser rentable en un tiempo considerable. La rentabilidad no significa que todos tus trades u ordenes ingresadas serán a tu favor, de hecho, los mejores trader, por lo menos el 90% de ellos pierden capital en los mercados. La diferencia está en manejar sus Perdidas estratégicamente, además de llevar un plan de trading y un riguroso análisis técnico que le permite conocer cuando y en que invertir. El psico trading es algo también que influye para mantener una gestión de riesgo optima al momento de invertir, sobre todo los trader principiantes son quienes se dejan influenciar por esto que se conoce como psico trading y donde más se llega a perder capital en momentos de alta tensión. Por mencionar algo, el trader principiante ingresa ordenes sin cesar, y en los momentos que sus operaciones van en su contra la presión les impulsa a cerrar todas o las más riesgosas, sin embargo, terminan cerrando ordenes por el simple hecho de creer que si el mercado sigue en su contra seguirán perdiendo cada vez más. La opción que toman indica que hace falta más preparación, porque cuando eres trader profesional eres y debes ser consciente de que existe riesgo en el trading, solo que los profesionales saben mantener su riesgo en un margen muy bajo y desarrollan una mentalidad de acero para no precipitarse al tomar una decisión.

La gestión es la parte de la estrategia que especifica el tamaño del capital a poner en riesgo. Si no se especifica cuanto se ha de mantener de riesgo en cada orden, es muy probable que se esté a la deriva al momento de navegar en los mercados financieros. Si se enfoca en conceptos técnicos de la inversión se podría decir que se identifica los niveles de apalancamiento, stop Lost y Take Profit que se van a ocupar en toda nuestra operativa de inversión.

6.5   Riesgo ratio beneficio

6.5.1 La mejor forma de gestionar tu capital

En todo momento se llega a perder capital en los mercados financieros siendo un trader amateur o profesional. La clave es limitar las pérdidas a un nivel manejable, de esta forma se podrá continuar en el mercado durante un mayor tiempo. Una forma de asegurar el balance entre el riesgo o veneficio, es mantenerse en un ratio veneficio (1-2) Donde las ganancias contempladas son siempre el doble de la perdida máxima, por lo tanto, aunque pierdas dos o tres órdenes, solo necesitarás una o dos órdenes para asegurar que las ganancias totales superen sus pérdidas. Para definir bien a que nos referimos con ratio riesgo veneficio chequemos el ratio veneficio (1-2) donde 1 es el porcentaje que pondrás en riesgo y 2 es el porcentaje que obtienes para recuperar y salir además con un veneficio.

Si se tienen contempladas 10 operaciones en nuestro plan de trading y todas ya están corriendo y seis van a favor y cuatro en contra donde arriesgamos en cada una de ellas 1% para perder, y en cuyo veneficio ponemos 2% para ganar. Tomemos en cuenta que es muy complicado que más de cuatro ordenes se vayan en contra, solo que no se lleve un plan de trading y no se aplique la gestión de riesgo puede ser que hasta seis o más se vayan en contra, pero eso es muy poco probable. Entonces si se perdieron cuatro con un riesgo de 1% y ganamos seis con un margen de ganancia del 2% se terminó ganando 12% y se perdió el 4%, incluso si ocurriera lo contrario en un caso extremo, es decir que se perdieron seis y se ganaron 4, aun así, obtuvimos veneficio a favor. Al perder 6 perdimos el 6% y al ganar 4 se obtuvo un 8% de veneficio. Si te das cuenta el ratio riesgo veneficio trabaja de forma excelsa si se sabe aplicar correctamente.

Para entender este tema se debe complementar con los capítulos gestión de riesgo y plan de trading para tener una mejor perspectiva de que es lo que se habla aquí. Si en cierto momento iniciamos perdiendo constantemente nuestras ordenes, se debe dejar de hacer trading y analizar la metodología usada para modificar lo que no está funcionando.

Aunque este tema es muy corto, no es muy difícil de entender, por lo tanto, su aplicación a la hora de ingresar ordenes te será de gran ventaja para hacer trading.

7 Capítulo 7: un aprendizaje constante para la rentabilidad.

7.1 Patrones de reversión y continuación (geometría de mercado)

7.1.1 ¿Qué es el análisis geométrico?

La mayoría de los operadores que operan en el mercado de divisas **(Forex)** no están familiarizados con la geometría del mercado de divisas, ya que no existen reglas específicas para definirlo. Se basa principalmente en el uso de datos de mercado anteriores para predecir tendencias futuras. Es similar a la teoría de las ondas de Elliott, que también utiliza patrones anteriores para la predicción futura. Sin embargo, el enfoque de Elliott se basa en ondas correctivas e impulsivas, y las reglas están claramente definidas. La geometría del mercado se puede usar solo con mercados de rango o consolidación, que tienen ondas correctivas y principalmente estimaciones de predicciones. hh

La geometría del mercado de divisas representa un procedimiento en el que los operadores analizan formas geométricas, desde líneas hasta ángulos, patrones, ondas, la distancia entre los niveles de precios para predecir la tendencia, encontrar la mejor configuración existente o ingresar al comercio.

Para calcular la geometría del mercado, primero se requiere un rango. Para ello, se requerirá cierta consolidación de datos anteriores. Después de esto, se monitorearán los cambios alrededor de un punto particular en el gráfico para tomar decisiones comerciales de Forex, como vender y comprar Forex. El par de divisas EUR / USD se usa ampliamente en el comercio de divisas, y el gráfico diario de divisas se puede utilizar para comprender los principios.

Para el análisis de la geometría del mercado, se debe elegir un punto de partida, que se encuentra en la parte inicial del área de consolidación. Por lo general, es un punto en el que el precio se estabiliza después de una fuerte caída. Luego, se debe trazar una línea horizontal que pase por el punto de partida. Esta línea se utiliza para tomar decisiones después del análisis de la geometría del mercado. Cuando se compara con el valor del punto de partida, se mide la amplitud del punto más bajo o más alto. El punto más alejado del punto de partida es la amplitud para un análisis posterior.

La amplitud de la geometría del mercado puede ayudar a decidir cuándo se producirá el cambio opuesto y cómo se verá. Por lo general, después de un tiempo, el mercado vuelve a los mismos niveles que el punto de partida. Después de esto, es posible definir los niveles internos para determinar el rango completo y operar en el futuro. Las decisiones relacionadas con los precios deben tomarse solo después de confirmar la amplitud. También es posible configurar la geometría del mercado utilizando la información de amplitud, que se ha confirmado siguiendo las pautas que se enumeran a continuación.

La distancia del pico de amplitud puede protegerlo desde el punto de partida y dividir el canal en diferentes partes según el valor del punto de partida. Si el precio cae en la mitad superior de este canal, existe un sesgo bajista, ya que el mercado se sentirá atraído por el nivel de pivote. Por otro lado, si el precio cae en el rango de precios más bajo en el canal, el sesgo del mercado es alcista.

La herramienta de retroceso de Fibonacci se puede utilizar para encontrar los niveles de 61,8%, 50% y 38,2% para cada uno de los canales. Dependiendo del precio, estos puntos se convierten en el punto de entrada para operaciones cortas y largas. Cuando el precio está en la mitad superior del canal, el comercio de geometría recomienda que el comerciante haga corto en estos niveles. Debería obtener ganancias cuando los precios alcancen el nivel fundamental. Por el contrario, cuando los precios están en el canal del lado inferior, el operador debe comprar a los niveles de Fibonacci y obtener ganancias en el nivel de pivote definido.

Las ganancias generales son el objetivo principal al operar en Forex y otros mercados financieros. La mayoría de los comerciantes lo encuentran difícil y, por lo general, es un desafío implementar la geometría del mercado. El comerciante debe tener una visión a largo plazo; para seguir siendo rentable, una operación no es relevante a largo plazo. Los operadores que obtengan ganancias de las operaciones ganadoras también perderán dinero, pero el monto de la cuenta debería aumentar. Es esencial comprender la psicología del mercado y cómo afecta a las ganancias del comerciante. La geometría del mercado ayuda a garantizar que el comerciante sea disciplinado y se concentre en cuestiones técnicas.

(Fx,Igor, 2022)

https://admiralmarkets.com/.../forex-basics/participantes-mercado-divisas

7.1.2 Patrones de reversión

Al hablar de geometría de mercado en el trading siempre nos llega a la mente todas las figuras conocidas: triangulo, circulo, cuadrado, rombo, hexágono, etc. Pues bien, en el trading existen figuras que se forman por los movimientos que hace el mercado en distintos activos financieros y la mayoría de esas figuras se dan en los patrones de continuación y reversión. Veamos pues en qué consisten los patrones de reversión y continuación:

Los patrones de reversión en las velas japonesas son muy importantes para los trader, ya que la aparición de estos puede ayudar a ganar mucho dinero. Por eso en este artículo vamos a ver que son estos patrones y las figuras más famosas

Puntos clave

• Un patrón de reversión es una formación de precios que señala un cambio en la tendencia actual

- **Patrones gráficos de reversión alcista:** revierte la tendencia bajista e inicia un nuevo recorrido alcista.

- **Patrones gráficos de reversión bajista:** revierte la tendencia alcista e inicia una tendencia bajista.

7.1.3 ¿Qué son los patrones de reversión con velas japonesas?

Un patrón de reversión es una formación de precios que señala un cambio en la tendencia actual. Estas pautas indican cuándo los toros o los osos se han quedado sin fuerzas. A medida que surgen nuevas energías desde el otro lado (alcista o bajista), la tendencia establecida se estanca y luego se mueve en una dirección diferente.

Por ejemplo, un rally apoyado por el entusiasmo de los alcistas puede detenerse y dar paso a los bajistas. Esto lleva a un cambio en la tendencia alcista y pasar a una posible tendencia bajista.

Los retrocesos que se producen en los máximos del mercado se denominan patrones de distribución, cuando el instrumento de negociación se vende con más entusiasmo del que se compra.

Por el contrario, las pautas de acumulación son las reversiones que se producen en los fondos del mercado, cuando el instrumento de negociación se compra más activamente que se vende.

El tiempo que tarda en desarrollarse la pauta, así como las fluctuaciones del precio dentro de ella, afectan al movimiento esperado una vez que el precio se rompa.

Cuando el precio se da la vuelta después de una pausa, se denomina patrón de reversión. Los patrones de reversión incluyen:

- **Cabeza y hombros**

- **Doble techo**

- **Doble suelo**

Patrones de reversión de la tendencia actual.

Vamos a ver las figuras que más se repiten dentro de estos patrones de velas japonesas.

7.1.4 Envolvente alcista y bajista

Un patrón envolvente alcista consta de dos velas: la primera negra y la segunda blanca. El tamaño de la vela negra no es crucial, pero no debe ser un doji que sea sencillo de engullir.

La segunda debe ser una vela blanca larga, lo que indica una perspectiva más optimista. El cuerpo de la primera vela negra debe ser envuelto completamente. Lo ideal, aunque no necesariamente, es que el cuerpo blanco también cubra las sombras de la vela anterior. Aunque las sombras están permitidas, suelen ser minúsculas o inexistentes en ambas velas.

Cuando la presión de venta hace que el valor abra por debajo del cierre anterior, aparece la segunda vela blanca después de un descenso.

Después de la apertura, los compradores entran en el mercado y empujan los precios por encima de la apertura anterior en un intento de alcanzar un máximo más alto y crear una inversión a corto plazo.

Por norma general, cuanto más grande es la vela blanca y más parte envuelve, más alcista es la reversión. Se requiere de gran fuerza y volumen para confirmar este patrón de reversión.

Este patrón es igual a la inversa.

7.1.5 Patrón de reversión en velas japonesas

Patrón penetrante

El patrón de perforación son dos candelabros, el primero negro y el segundo blanco. Ambos candelabros deben tener cuerpos grandes, siendo las sombras ocasionales, pero no necesariamente diminutas o inexistentes.

La vela blanca debe abrir por debajo del cierre anterior y cerrar por encima del punto medio del cuerpo de la vela negra. Un cierre por debajo del punto medio puede considerarse una reversión, pero no se considera alcista.

Al igual que el patrón envolvente alcista, la presión vendedora hace que la acción abra por debajo de su cierre anterior, lo que indica que los vendedores aún tienen recorrido al alza.

La apertura, por otro lado, suele ser seguida por compradores que actúan para aumentar la seguridad, y consiguen cerrar por encima del punto medio del cuerpo de la vela negra anterior. Para proporcionar una confirmación alcista de este patrón de reversión, se necesita bastante fuerza y volumen. El patrón penetrante bajista actúa igual, pero a la inversa.

Patrón penetrante de reversión.

Harami | Tanto alcista cómo bajista

Dos velas componen el harami alcista. El primero tiene un cuerpo grande, mientras que el segundo tiene un cuerpo pequeño que está completamente encerrado por el primero.

Hay cuatro combinaciones posibles: blanco/blanco, blanco/negro, negro/blanco y negro/negro. Todos los patrones harami tienen el mismo aspecto, independientemente de si son formaciones de reversión alcistas o bajistas. Su carácter alcista o bajista viene determinado por la tendencia anterior.

Tras un descenso, los Harami se consideran reversiones bajistas y tras un avance, se consideran reversiones alcistas. Cuanto más pequeño sea el cuerpo de la segunda vela, más probable será una reversión en el mercado, independientemente del color de la primera vela. La posibilidad de una reversión aumenta si la vela pequeña es un doji.

En su libro «Las Velas Japonesas», Steve Nison dice que cualquier combinación de colores puede crear un harami, pero los más alcistas son los formados por una combinación blanco/negro o blanco/blanco.

Dado que el gran cuerpo de la primera vela indica que el patrón de reversión alcista sería más potente si este cuerpo fuera blanco, podemos concluir que se ha producido un cambio de tendencia de bajista a alcista. Un resurgimiento sostenido y significativo de la presión de compra se ilustra con la larga vela blanca.

La pequeña vela que le sigue representa la consolidación. Se espera que la ocurrencia de haramis alcistas blanco/blanco y blanco/negro sea menos común que negro/negro o negro/blanco.

Una combinación negro/negro o negro/blanco puede seguir siendo etiquetada como un harami alcista después de un descenso.

La primera vela negra larga indica que sigue habiendo una presión de venta importante, lo que puede indicar una capitulación. La vela diminuta sigue inmediatamente a las formas con un hueco al aire libre, lo que indica un aumento drástico de la fuerza de compra y una posible reversión.

Formación harami

7.1.6 Martillo

La vela martillo se caracteriza por una vela blanca o negra que tiene un cuerpo diminuto, una larga sombra inferior y poca o ninguna sombra superior. El tamaño de la sombra inferior debe ser al menos dos veces mayor que el del cuerpo, mientras que el rango alto/bajo debe ser significativo en comparación con los 10-20 días anteriores.

El mínimo intradía del martillo indica que la presión vendedora sigue presente tras un descenso. El fuerte final, por otro lado, sugiere que los compradores están recuperando su confianza. Para que se confirme al alza este patrón de reversión, se necesita una fuerza adicional.

Martillo reversión

7.1.7 Estrella de la mañana

El patrón de estrella de la mañana consta de tres velas japonesas:

• Una vela negra larga

• Una pequeña vela blanca o negra que se sitúa por debajo del cierre de la vela anterior. Esta vela también puede ser un doji, en cuyo caso el patrón sería una estrella doji matutina.

• Una vela blanca larga

La vela negra confirma que el descenso sigue vigente y que la presión de venta persiste. Cuando la segunda vela baja, añade más pruebas de la presión de venta.

A continuación, el precio cae tras el hueco y aparece una pequeña vela. La indecisión se manifiesta en la pequeña vela, que indica un posible cambio de tendencia.

La probabilidad de una reversión aumenta si la vela pequeña es un doji. La tercera vela blanca larga proporciona una afirmación alcista de la reversión.

7.1.8 patrón estrella matutina

Bebé abandonado alcista

Este patrón es muy parecido al visto anteriormente y también consta de tres velas japonesas:

- **Una vela japonesa negra con un cuerpo largo**

- **Un doji que se encuentra por debajo del mínimo de la vela anterior**

- **Una vela japonesas blanca que se sitúa por encima de la altura del doji anterior**

La distinción más significativa entre la estrella doji de la mañana y el bebé abandonado alcista es que a ambos lados del doji hay espacios vacíos. El primer hueco a la baja indica que la presión de venta sigue siendo fuerte.

Sin embargo, la presión de venta disminuye y el valor cierra en o cerca del aire libre, lo que da lugar a un doji. El hueco alcista y la vela blanca larga que siguen al doji indican una importante presión compradora y la inversión se ha completado. A partir de entonces, no se requiere ninguna confirmación alcista adicional.

7.1.9 patrón bebe abandonado

Formación doble techo y doble suelo

Comenzaremos con la formación gráfica de doble techo de reversión. El patrón se compone de dos picos de precios en el gráfico. Estos picos están en el mismo nivel de resistencia, o hay una pequeña diferencia entre ellos. El patrón de doble techo se ve más a menudo como «M».

El doble fondo es el polo opuesto al doble techo. Este diseño tiene dos fondos que están en el mismo nivel de soporte, o un segundo fondo es un poco más alto. La letra «W» se dibuja a menudo como un patrón de doble fondo.

La mayoría de estas formaciones han demostrado revertir la acción del precio en muchos escenarios. Vamos a ver un gráfico del doble techo o **«Double Top»:**

7.1.10   patrón doble techo

Cuando el precio rompe el mínimo que separa los dos máximos, se logra la confirmación del patrón de inversión de Doble Techo.

La orden de stop loss en una operación de doble techo debe establecerse justo por encima del segundo techo.

El take profit con una formación de doble techo es igual a la distancia entre el cuello y la línea cantar que conecta los dos toques en la resistencia.

El Doble Fondo, en cambio, es idéntico en apariencia y funcionamiento. Sin embargo, todo está al revés. Como resultado, el Doble Fondo revierte las tendencias bajistas y opera de forma alcista.

7.1.11   Formación doble suelo

Cabeza y hombros

El patrón de cabeza y hombros es una formación de reversión muy interesante y única en su género. Debido a que se asemeja a una cabeza con dos hombros, la forma del patrón tiene un nombre apropiado.

Durante una subida, la formación de un techo se conoce como primer hombro. Después de un descenso, el movimiento del precio forma un tope más alto: la cabeza. El precio alcanza un tercer techo, que es más bajo que la cabeza, después de otra bajada. Hay dos hombros y una cabeza en el centro.

Por supuesto, la formación de cabeza y hombros tiene su equivalente alcista, que transforma las tendencias bajistas en alcistas. El patrón de cabeza y hombros invertidos es el nombre de este patrón de reversión alcista.

7.1.12   formación c-h-c

El precio sube justo antes de la formación de la cabeza y los hombros en el gráfico anterior. Este es uno de los elementos clave de un patrón de cabeza y hombros válido.

La confirmación del patrón se produce cuando el precio rompe la línea de cuello. Una vez roto este punto tenemos una confirmación de la posible reversión del mercado. En este momento es cuando tienes que considerar si abrir una posición en corto.

La orden de stop loss debe colocarse por encima del último hombro del patrón: el hombro derecho.

La versión invertida de la cabeza y los hombros se conoce como cabeza y hombros invertidos. El patrón se produce después de un descenso del mercado, crea tres mínimos de la misma manera que una formación de cabeza y hombros, y luego revierte la tendencia. Se debe operar en la dirección alcista.

1.   Patrón de continuación: como ya se ha repetido hasta el cansancio las tendencias no se mueven de forma lineal, es decir que no se impulsan de golpe de arriba o hacia abajo, si no que dan pequeños impulsos y retrocesos golpeando en los soportes y resistencias que impone el mercado hasta continuar su camino y seguir ya sea al alza o la baja, pero nunca detiene su paso, solo golpea en algún soporte o resistencia y luego después de mucho intentar lo rompe y continúa así hasta volver a regresar a la tendencia contraria. Aquí es donde ocurre la geometría de mercado, es decir que cuando una tendencia alcista como su nombre lo dice se mueve al alza y después de mucho subir ya es momento de cambiar de dirección a la tendencia

contraria. Es entonces que se generan movimientos de cambio de dirección, se muestran figuras o movimientos que dibujan líneas en las gráficas de nuestro análisis. En pocas palabras los patrones geométricos te servirán para identificar mejor cuando estás ante un movimiento de reversión, cuanto puede tardar ese movimiento, y cuál puede ser el mejor punto de entrada en ese patrón de reversión.

Los patrones de reversión surgen con frecuencia cuando el precio «se toma un respiro», es decir, en lugares de consolidación que pueden llevar a la continuación o a la reversión de la tendencia actual. Las líneas de tendencia son fundamentales para identificar estos patrones de precios, que pueden observarse en formaciones como banderas, banderines y dobles cimas.

El volumen juega un papel fundamental en estos patrones de reversión, a menudo disminuyen durante la formación del patrón y aumentando a para consolidar la reversión del mercado.

El análisis de patrones de precios es el estudio de las tendencias de los precios para predecir el comportamiento futuro de los mismos, incluyendo la continuación y reversión de la tendencia.

Cómo has podido observar existen dos tipos de patrones gráficos de reversión:

• Patrones gráficos de reversión alcista: revierte la tendencia bajista e inicia un nuevo recorrido alcista.

- Patrones gráficos de reversión bajista: revierte la tendencia alcista e inicia una tendencia bajista.

Además, hemos visto que los patrones de velas de reversión más famosos son:

- Doji

- Martillo

- Patrón envolvente

- Patrón penetrante

Y adicionalmente hemos visto los patrones gráficos más importantes:

- Doble techo

- Doble suelo

- Patrón Hombro – Cabeza – Hombro.

(Borja Fuentes,Alejandro, 2022)

https://velasjaponesas.org/patrones-reversion

7.1.13   Patrones de continuación

Un patrón que puede reconocerse en un gráfico de precios y que ha demostrado predecir la continuación de la tendencia existente. Hay dos tipos distintos de patrones de continuación.

- Patrones clásicos de continuación del gráfico. Aquí nos encontramos con las banderas, triángulos, etc.

- **Patrones de continuación del gráfico de velas. De estos vamos hablar más en profundidad**

Puntos clave

- **Los patrones de velas de continuación se asocian a menudo con un movimiento lateral que sigue a un fuerte avance direccional**

- **El objetivo de un patrón de continuación es muy similar al del seguimiento de la tendencia. Es decir, el precio se ha movido previamente en una dirección y el seguidor de la tendencia busca puntos de entrada en el mercado para subirse a la ola.**

El concepto de patrones de reversión es más conocido, pero la selección de máximos y mínimos es un poco más difícil de hacer y tiene un mayor potencial de falsos positivos.

7.1.14 ¿Qué es un patrón de velas de continuación de la tendencia?

En lugar de desarrollarse en 10-50 velas como un patrón estándar, las formaciones de velas aparecen en 1-5 velas. Esto es especialmente cierto en el caso de los retrocesos y las continuaciones. Los patrones de continuación de velas son una señal de que la tendencia a corto plazo se reanudará en la misma dirección después de varias velas.

Los patrones de velas de continuación se asocian a menudo con un movimiento lateral que sigue a un fuerte avance direccional. Significan una pausa en una tendencia, durante la cual los compradores en una tendencia alcista o los vendedores en una tendencia bajista se toman un descanso.

Sin embargo, no siempre es así, ya que ciertas pautas de continuación **(como un gap)** son prueba de que la tendencia se está acelerando.

7.1.15 Beneficios de los patrones de continuación

El objetivo de un patrón de continuación es muy similar al del seguimiento de la tendencia. Es decir, el precio se ha movido previamente en una dirección y el seguidor de la tendencia busca puntos de entrada en el mercado para subirse a la ola.

El concepto de patrones de reversión es más conocido, pero la selección de máximos y mínimos es un poco más difícil de hacer y tiene un mayor potencial de falsos positivos.

Las tendencias son más propensas de lo que la mayoría de la gente cree a durar más de lo previsto, con una serie de indicaciones de compra y venta a lo largo del camino antes de girar finalmente. ¡La tendencia es tu amiga hasta que llega a su fin!

7.1.16 Reglas a seguir con los candelabros

Regla número 1. Los patrones de velas por sí solos no hacen una estrategia comercial rentable

Si así fuera, ¡todos seríamos multimillonarios! Las señales de compra y venta de una formación aleatoria de una a tres velas producen numerosos falsos positivos. Esto se debe a que las velas se imprimen de forma regular, y hay una buena probabilidad de que tres de ellos se formen en una de las formaciones reconocidas por accidente.

Regla número 2. Parte de lo que hace que un patrón de velas sea válido es que el patrón tenga un lugar en el gráfico

Una vela de reversión de tendencia sólo tiene sentido en la conclusión de una tendencia actual. No puede utilizarse como señal de cambio en medio de un rango lateral, por ejemplo. Una vez iniciada la tendencia, los patrones de continuación son válidos.

Regla número 3. Las velas japonesas deben usarse junto con otros análisis

En un nivel de precios identificado como un buen punto de entrada por otras formas de análisis técnico, su mayor aplicación es como «señal de confirmación».

Por ejemplo, un operador piensa que el precio seguirá subiendo, pero hay un nivel de resistencia en el que su hipótesis podría quedar desacreditada. Un patrón de continuación creado en ese nivel de resistencia confirmaría las expectativas del operador. Por supuesto, el mercado podría caer; sin embargo, la idea es que los patrones de velas aumentan la probabilidad de éxito.

7.1.17   Los 5 mejores patrones de continuación de velas

Sin ningún orden en particular, aquí están los cinco principales patrones de velas de continuación a los que hay que prestar atención.

Gaps

Los gaps son un patrón de negociación a corto plazo muy conocido y popular. No se limitan a los candelabros japoneses, ya que se utilizan con frecuencia con los gráficos de barras convencionales.

Aparece un hueco porque la apertura de la segunda vela es mayor que el cierre de la primera y el mínimo de la segunda vela no alcanza el cierre de la primera.

Cuando el mercado está cerrado, los vendedores superan a los compradores, lo que provoca la aparición de un gap al inicio de la nueva sesión de negociación. Un gap bajista se define simplemente como el contrario de lo que acabamos de decir.

Gap de continuidad

Gap de aceleración

Tres soldados blancos / Tres cuervos negros

Tres velas de cuerpo largo seguidas, normalmente con mechas cortas, es muy distintivo. Los tres soldados blancos son alcistas, mientras que los tres cuervos negros son bajistas.

Al ver esta formación puede parecer que la tendencia se está agotando, pero al saber de velas japonesas ves que el patrón nos está mostrando un tendencia con un fuerte impulso que es probable que continué.

Patrón de continuidad tres soldados blancos

Aumento de tres métodos / Caída de tres métodos

Este patrón consiste en una vela con un largo cuerpo, que le siguen tres velas con cuerpos pequeños que van en la dirección contraria. Seguidamente a las tres velas aparece otra vela con un gran cuerpo en la misma tendencia que le primer gran cuerpo.

Este patrón es bastante fácil de observar y muy raro de ver, por lo que su tasa de éxito suele ser bastante elevada.

Patrón de continuidad de la tendencia

Líneas de separación

Un patrón que consiste en dos velas, la primera de las cuales está en contra de la tendencia actual y la segunda se abre al mismo precio que la primera. Es similar a un patrón de gap interior.

Patrón velas japonesas continuidad alcista

Gap de continuidad

Coincidencia alta / Coincidencia baja

Un patrón de velas con dos o más máximos y mínimos consecutivos que, si se rompe, indica que se reanudará una tendencia.

En un gráfico de menor duración, este patrón aparecerá como un soporte o una resistencia que se rompe.

Las rupturas se utilizan como un disparador para entrar en el mercado con el impulso de la ruptura señalando una nueva etapa de una tendencia.

(Borja Fuentes,Alejandro, velasjaponesas.org, 2022)

https://velasjaponesas.org/patrones-de-continuacion

Aunque hay trader que gustan de utilizar ciertos patrones de continuación específicos. La recomendación es hacer lo mismo, es decir experimentar todos los patrones y de ahí encontrar los patrones propios.

Patrón de continuación (bandera) está conformada por cuatro o hasta seis puntos en cada línea de tendencia, es decir que en ambas líneas se deben mostrar cuatro puntos, dos arriba y dos abajo o hasta seis puntos, tres arriba y tres abajo para poder especular que el precio forma un patrón geométrico y la tendencia continúa su marcha.

Patrón de continuación triangulo: como en geometría sabemos tiene un vértice donde al alargarse las dos líneas se cruzan entre sí, además los triángulos te sirven para medir el tiempo de cuando el mercado va a romper. Un punto importante a considerar en el vértice, es el límite de tiempo para que rompa el mercado, es decir al cruzarse las líneas es un claro ejemplo que el mercado va a romper. Puedes ir a tu plataforma y dibujar lo siguiente:

Un punto arriba, un punto abajo, segundo punto arriba y segundo punto abajo; formando un patrón orientado. Aunque diera dos toques ya podemos considerar un patrón geométrico orientado teniendo como límite el vértice para que este rompa.

Patrón de continuación cuña o gancho: es un patrón hibrido entre el triángulo y la bandera y aunque puede mostrarse de distintas maneras se debe educar a la vista cuando se presenten en una gráfica, ya que no siempre debemos esperar que forme figuras perfectas: triangulo, cuña o gancho o bandera, cualquiera de ellas se mostrará con una forma que asemeje a las figuras antes mencionadas.

Se debe tomar en cuenta las figuras cualquiera que estas sean, es decir que, si hablamos de un triángulo, en tendencia alcista, también lo encontraremos en tendencia contraria es decir tendencia bajista. Lo único que puede variar es la forma de la figura y como ya se dijo se debe educar al ojo para encontrar y detectar los patrones y darles su respectiva interpretación para no estancarse en la representación de figuras exactas, sino en figuras que representen. los movimientos del mercado con patrones geométricos.

Otra cuestión importante para poder tomar oportunidades favorables con la geometría de mercado o patrones de reversión y continuación es siempre confirmar con líneas de tendencia valida u orientada, además de aplicar un nivel de Fibonacci en todos tus patrones geométricos. Como se ha venido mencionando en capítulos anteriores, los métodos y herramientas que se recomiendan usar están muy relacionados en el análisis técnico y es necesario implementarlos conforme se van mostrando a lo largo de este curso.

Existen distintos tipos de patrones geométricos de mercado. Los Tridentes son una herramienta muy utilizada, que se enfoca en un canal dibujado en los principales pivotes, calcula una línea mediana que proporciona una visión geométrica distinta sobre el mercado. Esta línea es fundamental, por lo que a los tridentes se les suele denominar como el método de la línea mediana. Para algunos analistas técnicos, las líneas rectas están muy limitadas. Los analistas llevan la geometría de mercado a otro nivel, utilizando arcos, círculos y espirales. Miden la geometría del mercado en lo que respecta al precio y tiempo y, además, permiten al trader medir la evolución de los precios y predecir los movimientos futuros en función de los puntos potenciales de soporte, resistencia o reversión. Aunque también existe el patrón de continuación doble piso o doble techo, por lo general se utiliza para movimientos más rápidos, es decir para binarias o para trader que hacen scalping. Si bien es cierto que las opciones binarias no tienen una regulación en su funcionamiento, lo que sí es verdad es que una gran cantidad de trader se inclinan hacia este mercado. En mi caso no soy vehemente con ese modo de inversión, pero respeto a quien lo hace ya que, si son conscientes de lo que eso conlleva, también son conscientes de los riesgos que implica invertir su capital con un margen de riesgo más bajo al que se debería obtener por orden. Si has comenzado a invertir en opciones binarias te recomiendo investigues más a fondo sobre este mercado para poder enfocarte de lleno a ello. Más adelante espero considerarlo para el siguiente libro y en dado caso dedicar un capítulo a este modo de inversión, sino fuera así, aun tienes la web para foguearte de más información.

7.2 Conteo de ondas

7.2.1 Ondas de Eliot

La teoría Elliott Wave fue creada por el contador Estadounidense Ralph Nelson Elliott en 1938, tiene 81 años de presencia en los gráficos de todo tipo de inversionistas, desde analistas institucionales hasta independientes. Sin lugar a duda despierta curiosidad y una vez que se aprende no se puede dejar de utilizar, cambia la vida del analista por siempre. Los estudiantes de análisis técnico que conocen por primera vez la teoría de Elliott sienten temor porque tiene fama de ser compleja, subjetiva y difícil de aplicar. En este artículo se introduce esta fantástica manera de analizar los mercados de una manera fácil para que el lector al finalizar el artículo pueda ir directamente a sus gráficos y comenzar a utilizarla.

El análisis técnico es misterioso, porque la acción del precio dibuja patrones en los gráficos, como triángulos, rectángulos, diamantes, hombro cabeza hombro, ondas de Elliott, entre otros.

¿Por qué suceden este tipo de patrones?

La respuesta está en la psicología en masa de los mercados. La acción del precio es el resultado de las decisiones que toman miles de trader **(humanos o algoritmos)** en los mercados financieros. Para poder cuantificar la psicología en masa se utiliza el gráfico. Allí está consignada toda la información histórica, el gráfico es una fotografía de varios momentos importantes de la economía. En un gráfico mensual de un índice bursátil aparecen los ciclos a consecuencia de pánicos y buenos momentos en la economía.

Todos los eventos quedan registrados creando una bitácora histórica. La acción del precio es el resultado de conectar miles de cerebros humanos o computadoras que van a obtener resultados similares.

Como las decisiones se toman en base a principios matemáticos bien sea por las neuronas del cerebro humano o por la programación de un algoritmo, entonces es posible realizar estudios estadísticos para entender las fluctuaciones del precio. El principio Elliott Wave es la herramienta adecuada para identificar los ciclos del precio, entenderlos y poder llegar a una predicción del precio. Por lo tanto, es posible deducir que la teoría Elliott Wave es un traductor universal que traduce desde el idioma caótico de los ciclos del mercado a un idioma fácil de entender.

Los mercados tienen una característica fractal, así como las olas del mar que están construidas por olas más pequeñas y cada gran ola tendrá miles de olas internas. La acción del precio en cualquier mercado financiero muestra ciclos dentro de los ciclos, ondas dentro de las ondas. Por este principio es indispensable comenzar el estudio de las ondas de Elliott utilizando la mayor cantidad de datos posible.

El análisis debe comenzar desde una temporalidad de gráfico mensual, se requiere paciencia para etiquetar cada movimiento utilizando las reglas y guías de la teoría. Al pasar del gráfico mensual al semanal se revelan las ondas internas, repitiendo el procedimiento hasta alcanzar gráficos como el de un minuto o incluso el de ticks. Recuerde es importante ir conectado los marcos de tiempo con las ondas de Elliott internas, esto ayuda a identificar la conexión de la información y validar el conteo.

Es como hacer un rompecabezas buscando cada pieza y ponerla en su lugar para armar la foto completa.

Realizar el análisis desde el largo plazo ayuda a todo tipo de trading, desde swing hasta scalping, porque utilizando el conteo de Elliott puede negociar en temporalidad de 1 minuto o 5 minutos sin perder el rumbo del largo plazo.

La teoría Elliott Wave tiene una extensa lista de reglas y guías, pero por medio de las simplicidad de las cinco estructuras básicas, cualquier analista puede comenzar a utilizar la teoría de ondas sin necesidad de ser un experto y es una forma amigable de conocer esta fabulosa técnica.

7.2.2 Las Cinco Estructuras Elliott Wave

El precio en los mercados financieros realiza movimientos de tendencia, alcista o bajista y laterales. Cuando el precio está en una tendencia y hace una pausa es posible detectar la próxima jugada de continuación o cambio de tendencia utilizando el conteo de ondas. El principal objetivo es identificar una de las cinco estructuras Elliott Wave en el gráfico. Luego esperamos la correctiva para encontrar el final y por supuesto la entrada al mercado.

Primera Estructura, El Impulso

Se conoce como onda de impulso o "motive" en inglés es una secuencia de cinco ondas, tres en un sentido y dos en contra de la tendencia. Logrando tres movimientos en una dirección y dos en sentido contrario, de esta manera se puede tener una tendencia, al dar tres pasos en un sentido y dos en el sentido contrario se garantiza avanzar. Cada onda se marca a su final, en el caso del impulso se utilizan los números del 1 al cinco. Donde las ondas 1,3,5 son impulsos que van en el sentido de la tendencia y las ondas 2 y 4 en contra de la tendencia a estas ondas se les llama correctivas.

En el gráfico 1 aparece un ejemplo de impulso en el par USD/CAD, al finalizar el impulso de cinco ondas en la temporalidad de cuatro horas el analista debe esperar las tres ondas en contra de la tendencia para buscar operaciones de compra.

El impulso puede tener dirección alcista o bajista, todo depende del ciclo de mayor grado que el precio está elaborando. En un principio el trader que aprende la teoría Elliott Wave debe dedicarse a buscar la mayor cantidad posible de estas estructuras e ir refinando su análisis.

Segunda Estructura, la Diagonal

La onda diagonal es la famosa cuña o wedge que sucede en los gráficos en la parte inicial o final de un ciclo. La diferencia con el impulso radica en la cuarta onda, mientras que en el impulso la onda cuatro se mantiene lejos de la zona de la primera onda, en la onda diagonal la cuarta onda ingresa en el territorio de la primera onda, sin pasar el final de la segunda onda. Se conoce como diagonal líder cuando aparece en el interior de la primera onda de un impulso o de la onda A en un Zigzag y como diagonal final cuando sucede en la quinta onda del impulso o en el interior de la onda C del Zigzag.

La información que provee es poderosa para orientarse en el gráfico, la diagonal líder vaticina un fuerte movimiento en la misma dirección de la estructura. Además, confirma que el ciclo anterior ha terminado. Mientras que la diagonal final sirve para tomar utilidad y buscar operaciones en contra de la tendencia. Para buscar una entrada el procedimiento es idéntico al del impulso, se espera a que termine la diagonal, luego tres ondas en contra y allí se aplica todo el arsenal estratégico para entrar al mercado.

Tercera Estructura, el Zigzag hemos llegado al terreno de las ondas correctivas, el Zigzag es una estructura correctiva que va en contra de la tendencia. A diferencia del impulso esta onda tiene tres ondas y cada una de ellas se marca a su final por medio de las letras "ABC". El Zigzag es por lo general la estructura interior de una onda 2 o B, y en ocasiones aparece en la onda cuatro. Es la única estructura correctiva profunda que puede confundirse con una tendencia porque alcanza a crear un nuevo bajo cuando es bajista y un nuevo alto cuando es alcista. Si aparece un Zigzag en la pantalla hay que tomar una posición en contra de su dirección. Tratándose de una estructura tendencial será fácil caer en la trampa invirtiendo en la misma dirección del Zigzag, por eso esta figura también es conocida como trampa de osos o toros. El truco para evitar ser víctima del Zigzag es identificar el ciclo anterior. Por ejemplo, si aparece un impulso como en el gráfico 1 no será viable vender durante el desarrollo del Zigzag por el contrario la idea es comprar cuando este finalice. Otro ejemplo aparece en el gráfico 2, luego de la diagonal líder el precio cae realizando tres ondas bajistas en contra de la tendencia, este Zigzag de tres ondas "ABC" confirma la información de la onda diagonal, todo está preparado para una configuración de trade alcista.

Cuarta Estructura, el FLAT también conocido como estructura PLANA esta onda correctiva aparece en el interior de la onda "4", "B" o "2". Es una consolidación del precio, una pausa luego de un fuerte movimiento, es el momento donde los institucionales están cerrando sus operaciones para tomar beneficios parciales. Una zona de indecisión donde los participantes más inteligentes aprovechan para tomar posiciones en el sentido de la tendencia previa. Se conoce como una bandera de continuación.

El en gráfico 4, se evidencia un FLAT en medio de una tendencia bajista en el par GBP/USD, note como luego de un fuerte movimiento bajista llamado onda tres, el precio frena en seco y comienza un ciclo lateral, que tiene una duración de dos meses. La acción del precio comprendida dentro de la onda tres y cuatro es el FLAT. Está denotado mediante tres ondas "a, b, c", al finalizar sigue la tendencia bajista.

Un error fatal es entrar en sentido contrario del FLAT, la teoría Elliott Wave deja un consejo valioso frente a esta situación, siempre invierta en dirección de la tendencia previa al FLAT. Se requiere práctica para dominar esta estructura y encontrar su final.

Quinta Estructura, el Triángulo

Es el dibujo en el gráfico más atractivo para la vista del analista, es una obra de arte rodeado de ciencia y algo de mística. De acuerdo a la teoría Elliott Wave el triángulo es una figura de continuación de la tendencia, por lo tanto, cuando el precio está subiendo y aparece esta figura indica que el precio continuará alcista, lo opuesto es válido en una tendencia bajista. La pregunta principal es el ¿Cuándo terminará? Gracias a la teoría de ondas podemos conocer cuántos ciclos debe tener el triángulo antes de continuar la tendencia.

Cinco ciclos internos, se etiquetan mediante las letras ABCDE. Con este sencillo truco es posible anticipar la continuación de la tendencia al contar los cinco movimientos. Antes de completar estos cinco ciclos internos se debe evitar entrar en el mercado. El triángulo es un regalo que la acción del precio prepara para el trader. Un regalo que se debe aprovechar al máximo. Sirve para anticipar el próximo movimiento del precio, evitar ir en sentido contrario.

En el gráfico 4 vemos un triángulo de gran proporción en el par EUR/USD, son cinco movimientos internos denotados por medio de las ondas "A, B, C, D, E", en el momento que la onda "E" está en construcción el analista debe concentrar todos sus esfuerzos para validar el final de la onda y comenzar el plan de trading en corto. De acuerdo con la teoría Elliott Wave siempre que aparece un triángulo significa que el precio continuará con la tendencia previa luego de trazar los cinco ciclos.

Utilizando las cinco estructuras Elliott Wave es posible analizar la acción del precio desde un nuevo ángulo y para dominar la técnica es indispensable practicar, buscar todos los ejemplos posibles. Estudiar el precio pasado para entender dónde está el precio en el presente. La teoría Elliott Wave no es un sistema de trading por sí solo, necesita combinarse con otras técnicas para encontrar el TRADE.

(mejores opiniones, 2020)

https://www.rankia.com/blog/divisas-y-forex/4415790-que-son-ondas

Hasta este punto ya sabes que en la estructura de mercado los precios se mueven de forma ascendente y descendente en impulsos y retrocesos y cada impulso tiene su debido retroceso. A esta acción del mercado en ondas de Eliot se le llama onda expansiva y onda retroactiva, siendo el impulso la onda expansiva y el retroceso como onda retroactiva.

Otro aspecto muy importante que menciona la teoría de Eliot, es que usualmente el mercado se mueve entre cinco ondas en tendencia alcista u ondas expansivas (X: 1,2,3,4,5.) y en tendencia bajista u onda retroactiva (X: A,B,C.) que al finalizar la onda C, podrás tomar oportunidades porque debería formar nuevamente ondas (X: 1,2,3,4,5.) siendo los siguientes puntos, importantes para ingresar tus trade: en la onda 2,4 y la onda C, deberías ingresar compras y en la onda 5, y la onda B deberías ingresar ventas. Cuando identificas una Honda de Eliot ya tienes una potencial confirmación, es decir si estás realmente ante una onda 2, cuando estás en una onda 4, si estás en una onda B, si estas en una onda C o si te encuentras en una onda 5.

¿Como determinar cuándo se está en una onda 2, onda 4, onda 5 u onda 3? Pues bien, para determinar eso debes analizar estas reglas que debes respetar siempre para saber cuándo se da o se dará un cambio de hondas de Eliot:

7.2.3 Reglas de ondas de Eliot

1. La onda 2 no puede retroceder más que el inicio de la onda 1.
2. La onda 4 no puede entrar en el territorio de la onda 1.
3. La onda 3 nunca es la más corta.

Lemas de las ondas de Elliot

Lemas de las ondas de Elliot que pueden cumplirse o no se pueden cumplir.

1.	La onda 3 suele ser la más grande, pero no necesariamente.

2.	Dos ondas suelen ser de igual tamaño y una se extiende más.

Reglas muy importantes en las ondas de Eliot

1.	Para que 2 sea 2 el retroceso debe ser mínimo al nivel 23, es decir que se usará el coeficiente Fibonacci desde el inicio de la onda 1 del impulso, hasta el fin del impulso de la onda 1.

2.	Para que 4 sea 4 tiene que dar como mínimo al nivel 23, midiendo desde X hasta 3.

3.	Para que 5 sea 5 entre 3 y 5 debe haber divergencia, es decir que si existe confirmación de la onda 5 esto nos dice que probablemente el mercado formará una onda (X: A, B,C; para finalmente continuar con su tendencia alcista.

La teoría ondas de Eliot es un concepto más profundo que no se podría explicar en una sola lección o capitulo. Se han escrito libros tan solo de esta teoría y Enel instante que logres comprenderla te volverás un master en el trading, por esa situación profundizaremos más en otro curso aún más avanzado o bien puedes investigar el libro que referenciamos aquí sobre ondas de Eliot. El objetivo por ahora es comprender de que se trata esta teoría y ser consciente de su funcionamiento en los movimientos que da el mercado, además de utilizarlas con otros métodos de análisis técnico.

7.3 EXTENSIÓN DE FIBONACCI

Continuación de la extensión de Fibonacci

Sobre la extensión de Fibonacci fue un tema que se habló en un capítulo sobre coeficiente Fibonacci y en esta ocasión definiremos más en que consiste esta herramienta.

La extensión de Fibonacci es un indicador de análisis técnico que permite hallar soportes y resistencias, una vez reanudada una tendencia.

La extensión de Fibonacci, por tanto, permite establecer límites, en los cuales, los trader e inversionistas tienden a tomar decisiones de retener un activo o, por el contrario, venderlo.

Al igual que ocurre en el retroceso de Fibonacci, esta herramienta se basa en la sucesión de Fibonacci para establecer los soportes y resistencias. Además, de la lista de números más comunes en el retroceso, aquí se añaden los siguientes:

1.618 (161.8%): Al dividir un número de la secuencia entre el anterior, el resultado tiende a este número. Por ejemplo, 89/55=1.6182. Este número es de suma importancia y es conocido como el número áureo.

2.618 (261.8%): Este es el resultado al que tiende la división de un número entre el que está dos espacios antes. Por ejemplo: 144/55=2.6182.

También se utilizan: 138.2%, 238.2%, 423.6%. Igualmente, estos valores son derivados de la secuencia, pero depende del inversionista.

Estos valores son utilizados en ambos indicadores. Sin embargo, dado que tienen fines diferentes, algunos números son más comunes en una herramienta que en otra.

(paez,gabriel, 2021)

https://economipedia.com/definiciones/extension-de-fibonacci.html

7.3.1 Diferencias entre coeficiente Fibonacci y extensión de Fibonacci

La extensión de Fibonacci a diferencia del coeficiente Fibonacci nos sirve para determinar hasta dónde puede llegar el mercado en ciertas tendencias, es decir para saber hasta donde el precio puede llegar o donde deberías salir de una oportunidad o donde va a existir una reversión del precio. Aunque ya se trató el tema del coeficiente Fibonacci en capítulos anteriores, en esta sección recordaremos y estableceremos aspectos que antes solo se tocaron superficialmente.

Correlaciones de extensión Fibonacci

Para usar la estrategia correlaciones de extensión de Fibonacci primero se debe tener muy presente el uso de la herramienta Fibonacci o coeficiente Fibonacci, es decir que se hará una combinación de coeficiente Fibonacci y la extensión de Fibonacci. Cuando se usa el coeficiente Fibonacci como ya se mencionó en un capítulo anterior, con esta herramienta se marca el inicio y el fin del impulso, dando como resultado los niveles de Fibonacci y al agregar la herramienta extensión de Fibonacci tenemos ahora niveles correlativos que nos indican los siguientes niveles:

El nivel 23 tiene una correlación con 2.618, el nivel 38 tiene su correlación con 2.27 y 2.618, el nivel 50 tiene su correlación con 2, el nivel 61 tiene su correlación con 1.618, el 78 tiene su correlación con 1.27 y el 88 tiene su correlación con 1.13.

Lo antes comentado es que primero eliges el par de divisas que más te guste analizar, buscas el inicio y el final del impulso y marcas con el coeficiente Fibonacci y tendrás los niveles de Fibonacci. Ahora para tener mayores confirmaciones puedes aplicar la herramienta extensión de Fibonacci igual, marcando sobre el coeficiente Fibonacci el inicio y fin del impulso, pero ahora consideras punto de reversión o continuación dependiendo la tendencia en que analizas y marcas esos tres puntos. Al momento te arrojará los niveles de correlación que te servirán para obtener confirmaciones de oportunidades y hasta donde puedes entrar en el mercado y hasta puedes saber cuándo habrá un cambio de tendencia.

7.4 Indicadores

7.4.1 ¿Qué son las medias móviles?

Las medias móviles son indicadores técnicos de tendencia, que se utilizan en análisis técnico para invertir en diferentes instrumentos financieros.

Son muy utilizados debido a que actúan como suavizadores de los movimientos de sus precios, ya sea en el corto, medio o largo plazo.

Se trata de una media del precio en un periodo concreto de un activo (una acción, por ejemplo). De este modo, podemos ver la tendencia en el precio con más claridad, a pesar de ser un indicador que se forma con retraso, y, por tanto, no se anticipa al movimiento del mercado.

7.4.2 Tipos de medias móviles y fórmula de cálculo

Existen diferentes tipos de medias móviles:

1. Simple: Es una media aritmética de X datos anteriores.

2. Ponderada: Es una media multiplicada por diferentes factores, dado que aplican diferente peso a los datos de la serie.

3. Exponencial: Es una media aritmética simple ponderada por X valores anteriores con factores que van decreciendo de forma exponencial.

Su interpretación técnica y práctica es muy variada dado que, por ejemplo, las medias móviles nos pueden dar señales de compra o de venta.

(Vazquez Burguillo,Roberto, economipedia.com, 2020)

https://economipedia.com/definiciones/media-movil.html

Siempre se ha recomendado seguir las indicaciones que hay en este curso, pero siempre has de complementar la información con tus educadores o trader con quien te estés preparando para una mejor comprensión de los conceptos y aplicarlos en situaciones reales en las graficas.

Pues bien, los indicadores se deben apoyar en tu método de análisis técnico y todas las técnicas y herramientas que ya se han visto en este curso, por la simple razón que muchos trader al iniciar nos volvemos dependientes de los indicadores tomando los puntos del pasado que ha dejado el mercado siendo un indicador el punto de referencia de lo que podría volver a ocurrir, sin embargo recordemos que el mercado no es exactamente predecible, es decir que puede llegar a ocurrir que aparentemente todo pueda ir a nuestro favor y así como tomó una dirección puede cambiar en cualquier momento y darnos una gran sorpresa. Los indicadores nos pueden hablar diciéndonos que el mercado ya ha pasado por este camino, pero no precisamente volverá a pasar por ahí solo nos da un promedio de lo ocurrido antes. Luego de un tiempo corto, puede pasar mucho tiempo para que vuelva a replicar ese mismo trayecto y hasta entonces se debe analizar el mercado en la medida necesaria y de acuerdo a nuestra estrategia de análisis seguir tomando oportunidades.

En muchos casos se llega a desconocer la funcionalidad de una media móvil y por esa situación se omite su uso a la hora de hacer trading, aunque su función sea sencilla la preparación carente de conocimientos limita explotar adecuadamente estas herramientas y llegar así a volvernos rentables en el trading. Es preciso pues definir para que nos puede servir una media móvil y en qué momento usarla.

La media móvil tiene una función de seguir las tendencias como la ballena que mencionamos antes, se podría decir que la media móvil es ese pequeño pez que se adhiere y sigue al cetáceo formando un ecosistema a su alrededor adherido al mamífero mientras que las condiciones se lo permitan.

La media móvil es un promedio del precio de un activo durante un periodo determinado y el resultado de la media móvil siempre contempla el numero de periodos elegido actualizado. Para calcular la media móvil solo se suma el conjunto de números y se divide por el número total de valores conjuntos. Si se desea calcular la media móvil de un periodo de cinco años se sumarían los últimos números de ese periodo y luego se dividiría entre cinco. La media móvil es muy similar a encontrar el valor medio de un conjunto de números con la diferencia que la media móvil se calcula varias veces para varios subconjuntos de datos.

En resumen y para concluir esta sección la media móvil te sirve para la detección de tendencias, soportes y resistencias, también nos ofrecen señales de entrada y salida cuando el precio corta la media móvil. Las periodicidades que debes utilizar en las medias móviles son las siguientes: a corto plazo en temporalidades menores a una hora(1H) se usan periodos de 3 y 25. En medio plazo de más de una hora (1H) cuatro horas (4H) un día (1D) se usan periodos de 30 a 35. A largo plazo se usan periodos de 100 a 300 periodos.

7.4.3 Diferencias entre medias móviles

Existen diferencias entre la media móvil y la media móvil exponencial(MA vs EMA). Si hablamos de la media móvil exponencial has de saber que es una derivación de la media móvil simple, tanto la media móvil normal y la media móvil exponencial son fórmulas de uso común las dos son muy similares, pero tienen un punto de diferencia significativo en la sensibilidad que muestra cada una de ellas con cada uno de los cambios. La media móvil exponencial da mayor importancia a los valores recientes, mientras que la media móvil simple da importancia a todos los valores. Ambas se utilizan en el análisis técnico y pueden interpretarse de la misma manera para igualar las variaciones de precios, mientras que algunos podrían argumentar que es más común ver como los analistas utilizan medias móviles otros podrían decir que la utilización de las medias móviles exponenciales puede ser más significativas para el análisis debido a su naturaleza y a la importancia que dan a los datos recientes. Las medias móviles exponenciales tienden a ser más oportunas y por lo tanto algunos analistas tienden a preferirlas y también tienden a responder a los cambios de precios más rápidamente que las medias móviles normales.

7.4.4 Bandas de Bollinger

El indicador bandas de Bollinger utiliza una medida estadística conocida como la desviación estándar para determinar dónde podría tener lugar un posible nivel de soporte o resistencia.

Este es un uso específico de un concepto más amplio conocido como el canal de volatilidad. Un canal de volatilidad dibuja líneas por encima y por debajo de una medida de precio central. Estas líneas, también llamadas bandas o curvas de Bollinger, se amplían o contraen de acuerdo con la volatilidad o la ausencia de volatilidad del mercado en cuestión.

Las Bandas de Bollinger se materializan mediante dos líneas, tanto por encima como por debajo de una media móvil central, que abarca el precio.

Las bandas de Bollinger se construyen sumando y restando un múltiplo de la desviación estándar de una media móvil, proporcionando una indicación de la volatilidad del mercado, pero también de los niveles potenciales de soporte y resistencia.

Las líneas de Bollinger en el gráfico se dibujan de acuerdo a la siguiente fórmula:

Elemento de las bandas de Bollinger

Método de cálculo

Línea central

Es una media móvil simple del período N, siendo 20 el valor de uso más común.

(MMS = Suma del precio de cierre durante 20 días / el número de días)

Banda superior

Se dibuja en x desviaciones estándar por encima de la línea central, siendo 2 un valor de uso común. Por lo tanto, añadimos 2 desviaciones estándar al valor obtenido de la media móvil de 20 períodos

Banda inferior

Se dibuja en x desviaciones estándar debajo de la línea central, siendo 2 un valor de uso común. Aquí restamos 2 desviaciones estándar del valor obtenido de la media móvil 20 períodos.

Los parámetros más utilizados para las bandas de Bollinger son:

- **Media móvil de 20 períodos**

- **Desviación estándar multiplicada por 2. Nos dará los valores de banda superior e inferior.**

Con este tipo de parámetros, las estadísticas muestran que el 95 % del precio debería permanecer dentro de las bandas de Bollinger.

(blanco garzón,eva, 2022)

https://admiralmarkets.com/.../articles/forex-strategy/bandas-de-bollinger

La técnica desarrollada por John Bollinger prácticamente consiste en poner bandas de fluctuación alrededor de una media móvil. Las desviaciones típicas es un concepto estadístico que describe como se dispersan los precios alrededor de un valor promedio. Como regla los precios se consideran sobre extendidos cuando alcanzan banda superior llamado sobre compra y cuando alcanza la banda inferior se llama sobre vendido.

En conclusión, las bandas de Bollinger te servirán para marcar las fluctuaciones cuando el mercado sobre salga de la fluctuación superior o inferior, hablaremos de precios sobre comprados que si en la estocástica marca sobre comprado, solo así estaremos hablando de una potencial reversión del mercado.

Si bien es cierto que esto es una estrategia de análisis técnico, que puede servir de apoyo con las medias móviles mi consejo es investigar más a fondo sobre este tema que muchos trader aplican en su análisis. En mi caso no soy muy asiduo de esta estrategia, por la razón que no fue necesaria aplicarla ya que vi en las medias móviles una herramienta completa, desde luego utilizando a la vez varias medias móviles. Cabe aclarar que mi estilo de hacer trading nunca será el mismo con alguien que hace otro tipo de estrategia o con otro método de análisis técnico, por contar con mayor tiempo, ser un tipo de trader distinto, en fin, muchas cosas pueden variar al momento de aplicar las herramientas y estrategias. Mi recomendación es y siempre será… aprender cómo se aplica la estrategia y si te parece obsoleta o fuera de contexto con respecto a tu metodología, solo descártala y eso es todo.

7.4.5 Indicadores RSI y estocástico

A continuación, hablaremos de otros indicadores que se les conoce también como osciladores que basan su predicción en el cumplimiento de ciclos de tendencia de modo que buscan detectar los momentos de agotamiento como señal de anticipación al siguiente movimiento. El estocástico y RSI son osciladores que buscan zonas de agotamiento del precio para detectar anticipadamente donde se deberán tomar oportunidades de compra o venta.

El estocástico es un indicador que tiene parámetros entre 20% y 80% rango donde este indicador va a moverse, es decir que cuando el precio esté cerca del nivel 80 o cerca del nivel 20, o sobre salga del nivel 80 o sobre salga del nivel 20, nos estará indicando el precio que son niveles de sobre compra en la parte superior y de sobre venta en la parte inferior.

El estocástico muestra la posición relativa porcentual del precio actual respecto de un rango de precio según periodo estimado es decir la temporalidad.

Bien, esta expresión relativa esta expresada en términos porcentuales, de modo que el valor igual o cercano al 100% indica que la posición actual equivale a un máximo de periodo, y un valor igual o cercano al 0%

indica que la posición actual equivale a un mínimo del periodo.

7.4.6 Indicador RSI

A diferencia del estocástico que se mueve en 20% y 80% en términos porcentuales, el RSI varía ahora considerablemente en termino porcentual del 30% y 70%.

El RSI representa la relación porcentual de subidas y bajadas de precio, teniendo solo en cuenta los precios de cierre y de barra, algo muy parecido al estocástico. en el caso del RSI. Cuando se obtiene un valor superior al 70%, se considera que este margen no va a incrementarse mucho más, mientras que si se obtiene un valor inferior al 30% significa que no va a bajar mucho más.

7.4.7 Diferencia entre estocástico y RSI

Como ya se sabe los dos osciladores sus puntos de sobre venta o sobre compra se representan en términos porcentuales y su interpretación es la misma sobre compra o sobre venta. ¿Para qué nos sirven? Su función es detectar los cambios de dirección del precio.

El estocástico es más sensible a los movimientos pequeños obtiene mejores resultados en los movimientos laterales que el RSI, no obstante, cuando el impulso es de largo recorrido no deja correr las ganancias, mientras que el RSI ofrece un mayor margen para continuar la tendencia. En conclusión, el

RSI te funciona para tendencias y el estocástico te funciona para movimientos de consolidación.

7.4.8 Volumen

En esta sección final de los indicadores hablaremos del volumen, indicador que nos muestra lo que pasó con determinados activos financieros en un tiempo determinado.

El volumen es la cantidad de un activo concreto en que se invierte durante un tiempo o temporalidad definida. el volumen es un indicador clave de la actividad de mercado y la liquidez que a menudo se presenta junto a la información del precio. El interés abierto es el número de posiciones abiertas en un determinado vencimiento de futuros, es decir el momento en que llega el vencimiento al interés abierto a 0 ya que se cierran todas las posiciones. En Forex no hay vencimientos ni funciona como un mercado de futuros se puede usar el interés abierto en los futuros sobre divisas, probablemente no te sea de gran relevancia ya que muchas de las operaciones se abren en muchos de los futuros son parte de cubrir posiciones abierta en contado.

Todo esto se traduce en lo siguiente … cada transacción de compra o de venta es un silo intercambio y es relevante para el volumen de trading, a causa de que solo se cuenta con el número de activos con que se opera, es decir el número real de transacciones no se especifica. Si cinco inversores compran una acción el dato será el mismo que si un único inversor comprara cinco acciones.

Un mercado se considera activo cuando el volumen del trading es más alto e inactivo cuando el volumen de trading es más bajo. El volumen de trading si existe una amplia fluctuación de precios en el mercado la cual podría darse en respuesta a ciertas noticias, comunicados de empresas y políticos.

7.4.9 ¿cómo interpretar el volumen?

El volumen alto sugiere un mayor interés y un mayor número de participantes igual que el indicador de impulso el indicador de volumen puede informarte sobre la fuerza que hay detrás de un movimiento de precios. Un volumen bajo de negociación indica un menor número de participantes e interés por el instrumento en cuestión. Los bajos volúmenes pueden revelar debilidad detrás de un movimiento de precios. En conclusión, todo esto nos dice que cuando existan volúmenes altos por lógica sabemos que existe una mayor participación, liquidez y bastante volumen en el precio, a diferencia si hubiera volúmenes bajos por lógica sabremos que no existe gran participación, liquidez o volumen.

Con acciones el volumen es fácil de obtener ya que si negocian en bolsa cada operación se informa y es pública.

En el volumen de Forex es distinto, la naturaleza no organizada del mercado de Forex conlleva dificultad para obtener esta información. Los grandes bancos que conforman el mercado interbancario en el centro de comercio global de divisas tienden a proteger estrechamente sus propios volúmenes de negociación como información de propiedad exclusiva incluso ellos no tendrán acceso a la imagen real.

En pocas palabras ¿Por qué? no funcionan los volúmenes en los mercados de futuros y acciones, al ser mercados "regulados" es decir que toda actividad en estos mercados es organizado y catalogado dentro de los datos estadísticos por esa situación se debe publicar toda la información en cada jornada de inversión. Por esa situación en los mercados de acciones y futuros no es probable el uso de los volúmenes, a diferencia del Forex al no ser un mercado "regulado" y cabe destacar que al mencionar la palabra irregular no implica que no se pueda hacer, es muy válido y funcional las inversiones en Forex, solo que no está aún considerado ni etiquetado como un mercado como la bolsa de valores, pero de acuerdo a las leyes de cada país y de acuerdo a sus constituciones con relación a las inversiones bursátiles no se considera todavía para su regulación. Al ser muchos los países implicados en el mercado de Forex y al tener un gran capital en juego se está permitido realizar inversiones en Forex ya que muchas entidades financieras han encontrado un gran negocio que explotar y no se puede dejar de hacer de la noche a la mañana.

Por mencionar algo, las cripto monedas nacidas en el 2008 también fueron un mercado irregular, desde sus inicios y hasta aun lo siguen siendo, pero ese no es impedimento para invertir ya que no deja de ser un gran negocio donde multiplicar su capital y al igual que las binarias muchos empresarios y entidades financieras lo continúan haciendo por ser un negocio muy redituable.

7.5 Felicidades has concluido este curso

Conclusión del curso

Bien amigo trader, si has llegado hasta este punto de mi curso básico y un poco avanzado, te felicito muy pocos deciden iniciar, pero aún más pocos deciden concluir un curso, de hecho, estadísticamente está comprobado que casi el 90% de ellos nunca lo concluyen y ni que decir de aquellos que no vuelven a retomar eso que han aplazado por un largo tiempo. Espero que no seas de esos trader que solo calienta asientos descubriendo si este mundo del trading funciona, aunque sea real y algo completamente probado que funciona, pero aun así solo pasan de largo y no vuelven más.

Lo que necesitas ahora amigo, es llevar todos estos conocimientos a la práctica para conseguir los resultados que buscas, pero recuerda que esto no ocurrirá por leer este curso, lo que necesitas es dar los pasos para transformarte en un trader de seis cifras. Si continúas en este camino te auguro un pronto porvenir en al menos tres o cuatro a lo sumo para estar donde deseas.

Si necesitas complementar

En este mi curso que te entrego con mucho cariño, plasmo los conocimientos básicos que debes saber para dar tus primeros pasos en el trading, aunque no tengo mucha experiencia escribiendo al ser mi primer curso hecho libro espero haberme dado a entender y explicar los conocimientos que comparto contigo. Siempre es bueno dar los pasos necesarios no importa si no eres un experto, lo importante es atrevernos a hacerlo. Que no se diga que nunca lo intentamos, aunque sea con un poco de temor a saber cómo nos irá debemos hacerlo.

En cierto momento llegué a pensar en dejar este mundo de las inversiones, por cuestiones de capital, por asuntos personales, o por falta de resultados en los primeros dos años, sin embargo, mi deseo de buscar mi libertad financiera era mucho más importante que rezagarme en un empleo por el resto de mi vida. Como bien dice una frase: Los labios de la sabiduría están cerrados, excepto para los oídos del entendimiento. El kybalión Hermes Trismegisto

Un gran consejo que puedo darte si estás iniciando en las inversiones financieras y que te será necesario tener siempre presente para no perder rumbo… deja de pensar solo en el dinero que quieres ganar no es malo ser millonario, lo que si debes cuidar que el dinero no sea quien maneje tu vida, es decir que no te controle. Porque en el instante que comienza a llegar la prosperidad debes cuidarte de los vicios y todo tipo de actividades que no suman nada en tu vida. Cuando logres mantener tu mente enfocada en cuidar tu cuerpo, mente y emociones en completo equilibrio te podrás considerar como una persona segura de sí misma que sabe tomar decisiones de acuerdo a sus convicciones, valores y principios. Luego de haber obtenido la abundancia, prosperidad, paz mental y amor a la vida en tu corazón, te aseguro por lo que más quiero que por ende llegará todo aquello que tanto deseas de forma mágica que no podrás creer que tantas maravillas ocurren en tu vida. Todo eso por lo que estás trabajando tanto tiempo te será recompensado, pero primero trabaja en ti mismo y luego espera todas las bendiciones que llamarán a tu puerta. Otro punto a considerar es no quedarte solo con el conocimiento del trading, si no busca también educarte leyendo libros de desarrollo personal que nutra tu mente, trabaja tu cuerpo con ejercicio constante para mantener una salud fuerte que te haga ver muy joven y vigoroso. Y por último invierte el capital que recibas de tus inversiones creándote nuevas fuentes de ingreso que te permitan vivir de ellas.

Al día de hoy vivo de una forma cómoda donde no debo preocuparme por el dinero, porqué la abundancia y prosperidad se hacen presentes constantemente otorgándome la vida que tanto desee tener. Todo eso lo he obtenido no solo aprendiendo trading, sino liderazgo, educación universitaria en mercadotecnia, aprender a hablar en público y saber hacer negocios, ha traído abundancia a mi corazón, en consecuencia, el universo me ha premiado por ser entregado solo a mejorar y no enfocarme solo en el dinero.

Si llegas a querer saber de mi te digo… yo fui de esos trader que no hacían ruido al momento de estar aprendiendo, siempre estuve enfocado en aprender y hacerlo con la boca bien cerrada, nada de presumir que yo era el master trader como muchos de mis compañeros que estaban en el mismo camino, solo que ellos alardeaban de ser multimillonarios al haber encontrado una forma de hacerse ricos. Eso es lo peor que puedes hacer cuando tienes un proyecto que te cambiará la vida, allá afuera te encontrarás gente envidiosa que no le gustará tu éxito y comenzarán a verte como una amenaza para ellos, porque sabes algo… ellos podrán estar mal pero nunca perdonarán que alguien esté mejor que ellos, por esa situación se encargarán de regresarte a su misma realidad. Si quieres tener éxito y que todos lo vean, primero hazlo en secreto, procura ser muy discreto solo revelando lo mínimo, aunque te digan que estas perdiendo el tiempo haciendo nada, pero cuando menos se den cuenta ya habrás despegado y cuando eso pase nadie te podrá detener.

En mi caso todos a mi alrededor me consideraron un flojo por no trabajar, creían que no estaba haciendo nada de mi vida y solo estaba en el teléfono o la computadora jugando uno de esos juegos tontos que solo quitan el tiempo, pero la realidad era que estaba aprendiendo trading y vendiendo productos por internet, además de estar aprendiendo sobre los bienes y raíces para cuando llegaran los resultados me hiciera con la mejor casa de mis sueños. Al escuchar los comentarios hirientes de mi familia por supuesto que me dolió mucho en el alma, porque era por ellos que quería tener resultados para poder compartir momentos y experiencias memorables que compartiríamos juntos, pero lamentablemente ellos no eran conscientes de lo que tenía en mente hasta que comenzaron a llegar los resultados. Lamentablemente en mi ciudad de origen la delincuencia está muy peligrosa, por esa situación tuve que llevarme a toda mi familia a un lugar super increíble, solo que yo decidí vivir en otro país alejado de los peligros y de mi antigua vida. Hasta ahora vivo muy bien y estoy desarrollando nuevos proyectos que me generen más ingresos y así darme la mejor vida del mundo.

Nunca había pensado crear un curso o algo así para vender, pero un día me llegó la idea a la mente y algo que he aprendido en mis años de emprendedor es siempre escuchar a mi instinto para los negocios. Como lo dice Joe Vítale en su libro el secreto faltante… siempre escucha al universo susurrándote al oído, porqué él siempre te dará las respuestas a los retos que llegues a tener en tu vida.

En mis inicios fui una persona que solo buscaba la riqueza a como diera lugar, pero ocurrieron cosas que me hicieron apreciar mejor la vida, agradecer en la situación en que me encontraba y comenzar a prepararme y a aprender cosas que nutrieran mi alma no mi ego. Gran sorpresa me llevé luego de unos años todo se dio a mi favor, ahora soy un trader que no le interesa la fama ni la fortuna, porque primero debes estar bien contigo mismo y con todo el mundo, amar tu vida a pesar de las circunstancias y siempre dar gracias en lo mucho y lo poco y verás que la prosperidad llega por añadidura a tu vida. Eso fue lo que ocurrió conmigo y ahora cuento con una estabilidad económica que me permite gozar de una libertad financiera. Aunque no encuentres información de mi en las redes sociales no te preocupes siempre habrá un mentor para ti que te pueda aconsejar y guiar en esta travesía que no te tomará ni cinco años disfrutar de los resultados.

Si este mi primer libro te gusta y llego a ver un buen recibimiento de la gente, en el siguiente tomo haré lo necesario para estar presente en todas las redes sociales y comenzar a orientar y dar mentorías a mis seguidores, aunque no me interesa que me consideres un mentor si no un amigo que comparte los conocimientos con otros colegas.

Hasta que ese día llegue a ocurrir, nos volveremos a encontrar mi estimado amigo, mientras tanto voy preparando mi siguiente curso espero publicarlo en un año aproximadamente luego de la publicación de este.

Dios te bendiga mi trader, y recuerda trabaja día tras día tus habilidades, porque el éxito está para todos, pero no todos están listos para el éxito.